Socialisme
et Paysans

DISCOURS

PRONONCÉS A LA CHAMBRE DES DÉPUTÉS

LES 19, 26 JUIN ET 3 JUILLET 1897

PAR

JEAN JAURÈS

DÉPUTÉ DE CARMAUX

SUR LA

CRISE AGRICOLE -- SES CAUSES
ET SES REMÈDES

SOCIALISTES !

Si vous voulez rire en buvant votre café
Dégustez les

Petits Pains ᵈu Matin

que Jean MITRON *publie tous les jours*
dans la PETITE RÉPUBLIQUE.

———————————

Si vous voulez vous tenir au courant du
Mouvement socialiste International
Lisez les

DÉPÊCHES DE NOS CORRESPONDANTS

que la PETITE RÉPUBLIQUE reçoit chaque jour
de tous les Pays du monde.

Socialisme
et Paysans

DISCOURS

PRONONCÉS A LA CHAMBRE DES DÉPUTÉS

LES 19, 26 JUIN ET 3 JUILLET 1897

PAR

JEAN JAURÈS

DÉPUTÉ DE CARMAUX

SUR LA

CRISE AGRICOLE --- SES CAUSES ET SES REMÈDES

Socialisme et Paysans

DISCOURS

PRONONCÉS A LA CHAMBRE DES DÉPUTÉS

LES 19, 26 JUIN ET 3 JUILLET 1897

PAR

JEAN JAURÈS

DÉPUTÉ DE CARMAUX

SUR LA

CRISE AGRICOLE — SES CAUSES ET SES REMÈDES

DÉTRESSE PAYSANNE

M. le président. — L'ordre du jour appelle la discussion de l'interpellation de M. Jaurès et plusieurs de ses collègues sur les réformes et solutions que le Gouvernement entend proposer pour remédier à la crise agricole.

La parole est à M. Jaurès pour développer son interpellation.

Le citoyen Jaurès. — Messieurs, qu'il me soit permis tout d'abord de me féliciter pour les cultivateurs de la méthode de travail qu'a adoptée la Chambre. C'est depuis le 14 décembre que notre interpellation est déposée ; ils ont eu donc tout le loisir de répondre par de nombreuses lettres aux questions que nous leur avions adressées.

De plus, je viens de vérifier que quinze orateurs sont inscrits pour prendre part à ce débat, dont tous les partis reconnaissent l'importance. En sorte que, par cette méthode, qui reporte de samedi en samedi la discussion des interpellations, c'est pour le plus grand bien de la culture que, pendant plusieurs semaines, la question agricole sera à l'ordre du jour.

Dans l'exposé forcément étendu que j'imposerai à la Chambre, je me propose un triple but : je voudrais d'abord esquisser, le plus exactement que je pourrai, la condition des diverses catégories de travailleurs ruraux et de producteurs agricoles ; je voudrais ensuite examiner l'œuvre accomplie, dans l'intérêt des cultivateurs, par la majorité et le Gouvernement.

Enfin, comme rien n'est plus vain qu'une simple critique, je demanderai à la Chambre — et d'ailleurs nous y avons été invités d'avance par plusieurs de nos honorables adversaires — la permission de formuler moi-même quel est, dans la doctrine de notre parti, le remède aux souffrances des cultivateurs, quelle est la solution finale qui doit être donnée au problème agricole et par quelles réformes successives peut être préparée cette solution finale. (*Très bien ! très bien ! à l'extrême gauche.*)

Je sais que, dans l'exposé très sincère de la doctrine socialiste appliquée au problème agricole, je suis exposé à heurter non seulement les sentiments de la majorité, mais les conceptions mêmes d'une partie notable du groupe constituant, à l'heure présente, l'opposition antiministérielle. Mais je crois, messieurs, qu'il est du devoir et de l'intérêt de tous de s'expliquer sur ces questions essentielles, sans aucune réticence, sans aucune équivoque.

Messieurs, j'utiliserai dans l'exposé des faits et des revendications paysannes les lettres très nombreuses par lesquelles les cultivateurs ont répondu à l'appel du groupe socialiste ; ces lettres contiennent d'abord des renseignements de fait sur la proportion variable de la petite et de la grande propriété, sur l'introduction du machinisme, sur le nombre de bras retranchés par chaque machine.

Mais, messieurs, nous pourrions trouver peut-être dans des statistiques ou dans des études de tout ordre, l'équivalent de ces renseignements de fait ; ces lettres nous ont apporté autre chose : l'expression des sentiments, des vœux, des espérances, des impatiences aussi qui commencent à animer la démocratie rurale, et je me féliciterais si je pouvais laisser à ces plaintes toute l'âpreté de leur accent, si je pouvais faire entendre ici un écho même de la voix paysanne, en attendant que les travailleurs du sol, se relevant du sillon où ils sont courbés, envoient ici pour les représenter et les défendre des hommes de la glèbe affranchis par la pensée socialiste. (*Applaudissements à l'extrême gauche.*)

Mais vous pouvez dire que cette sorte d'enquête, conduite par le groupe socialiste de la Chambre, ne vaut que pour nous. J'estime, en effet, qu'elle ne saurait valoir pour vous ; j'estime que, de même que l'Empire, en 1867, devant une crise grave de transformation qui inquiétait et bouleversait le monde agricole, a jugé utile de conduire sur la condition des cultivateurs une vaste enquête, de même aujourd'hui, c'est avec la collaboration du Gouvernement, des pouvoirs élus, des Chambres, des conseils généraux, des comices et des syndicats agricoles, que devrait être conduite une vaste enquête sur la crise dont souffre à l'heure présente la production agricole, sur l'état de fait et sur l'état de pensée des cultivateurs et sur les remèdes qu'ils proposent eux-mêmes.

Je suppose que plusieurs d'entre vous se sont reportés déjà aux volumes considérables et très instructifs qui contiennent les résultats de l'enquête agricole instituée par l'Empire. On peut y trouver un tableau très intéressant d'un moment de la production agricole en France.

Déjà, à la fin de l'Empire, après la conclusion des traités de commerce, après le développement premier des voies ferrées, après la croissance de la grande industrie et des grandes villes, il se produisait dans le monde agricole de véritables et profondes transformations ; et les hommes des anciens partis monarchiques, ralliés à l'Empire, mais inquiets de ce qui se mêlait de révolutionnaire à sa politique économique, signalaient dans cette enquête le trouble jeté dans les populations rurales par les conditions économiques nouvelles ; l'ancienne fixité des familles détruites par le développement des voies ferrées, l'émigration chaque jour précipitée des campagnes vers les villes ; et ils ajoutaient, avec une inquiétude conservatrice, que les travailleurs agricoles, ayant à opter entre le salaire des campagnes et le salaire des ouvriers industriels, se prononceraient pour un salaire plus élevé, même à la campagne. Et j'ai vu dans ces dépositions, dans cette enquête, que la réclamation d'un salaire plus élevé serait de la part des ouvriers agricoles une véritable violation de la propriété.

L'Enquête nécessaire

Messieurs, depuis 1867, depuis que cette enquête officielle conduite par l'Empire a été close, trente ans se sont écoulés, durant lesquels la révolution économique, à peine commencée à la fin de l'Empire, s'est complétée, s'est poursuivie. Depuis lors votre réseau ferré s'est développé encore, déracinant plus encore les anciennes habitudes, l'émigration — les derniers tableaux de recensement l'attestent — l'émigration des campagnes vers les villes s'est accentuée de plus en plus. A la propriété paysanne, à la propriété foncière, s'est superposée la propriété mobilière, la propriété financière et capitaliste ; en sorte que l'enquête de 1867 ne nous offre plus qu'une image surannée de la France rurale. Il est temps de la remettre au point par une enquête nouvelle conduite publiquement par le gouvernement républicain. *(Applaudissements à l'extrême gauche.)*

Quelle objection nous pourriez-vous faire ? Vous pourriez nous dire que cette enquête jettera quelque agitation, quelque trouble dans les esprits. Mais, en vérité, il faudrait avouer que la situation présente du monde agricole est bien déplorable et bien désespérée pour qu'on hésitât à appeler les paysans, les cultivateurs eux-mêmes, à expliquer leurs souffrances et leur pensée devant le gouvernement de la République. Et puis, ce n'est pas vous qui devez concevoir quelque crainte. Vous savez bien que la grande propriété pourra s'expliquer tout à son aise. C'est nous qui pourrions redouter que les salariés tenus en tutelle ne viennent pas s'expliquer librement.

Nous pensons cependant qu'ils viendront poussés par leur misère même, par la nécessité même où ils seront de s'expliquer et que tous ces vignerons des vignobles du Midi, aux longues journées d'hiver inoccupées et misérables, ces bûcherons du Cher avec leur maigre salaire constaté de 50 à 75 centimes par jour, si pauvres dans la vivante richesse des forêts, et ces cultivateurs de la région bretonne, dont M. de Mun, le M. de Mun d'il y a quelques années, disait à Landerneau que si un Basly campagnard passait à travers ces misérables chaumières il se produirait là un soulèvement ; nous espérons que tous ils viendront déposer devant la France républicaine, que tous y viendront dire ce qu'ils souffrent, ce qu'ils espèrent, pourquoi ils souffrent, pourquoi de plus en plus ils émigrent vers les villes, pourquoi de plus en plus leur regard se détourne des horizons anciens, limpides et mornes où vécurent les aïeux et va au loin vers la lueur ardente et trouble qu'exhalent la nuit les grandes cités.

Tous vous les appellerez, tous ils seront entendus, et le gros propriétaire qui cultive lui-même, et le gros propriétaire qui ne réside pas sur ses terres, et le gros et le petit fermier, et le métayer, et le duc, et le bûcheron, et le pauvre et le riche. Vous les entendrez tous dans cette enquête agricole qui doit être conduite sur tous les points du territoire. Et si vous ne le faisiez pas, ce serait là, à coup sûr, dans les batailles prochaines, la première revendication de notre parti. (*Applaudissements à l'extrême gauche.*)

Mais, messieurs, dès maintenant, nous allons discuter, malgré cette absence de documents officiels, notamment malgré cette absence de renseignements que nous devrions recevoir sur la dette hypothécaire de la propriété française. Laissez-moi en effet, en passant, vous signaler cette anomalie étrange : dans le *Bulletin de Statistique* du ministère des finances, j'ai trouvé des renseignements précis sur le mouvement de la dette hypothécaire de plusieurs districts du royaume de Prusse ; je n'y ai trouvé aucun document sur le mouvement de la dette hypothécaire dans les campagnes françaises.

Nous allons discuter avec l'honorable M. Deschanel peut-être — et je le désire beaucoup pour l'ampleur et l'éclat de ce débat — nous allons discuter avec lui sur le mouvement de la propriété foncière, sur sa concentration et sa dispersion, et nous sommes réduits à conjecturer uniquement d'après les cotes foncières sujettes forcément à des interprétations incertaines et contradictoires, la répartition de la terre de France entre ce qu'on appelle la grande et la petite propriété.

Eh bien, ne serait-il pas possible, pour l'hypothèque d'abord, de nous tracer et de nous communiquer un tableau du mouvement de la dette hypothécaire en France en ce qui touche surtout la propriété rurale ? Et pour la répartition des fortunes, est-ce que l'administration de l'enregistrement ne pourrait pas chaque année, quand une succession s'ouvre, faire le compte, faire l'analyse de la façon dont les diverses successions ouvertes se répartissent, par exemple, entre le chiffre de 100 fr. et le chiffre de 5,000 fr., entre le chiffre de 5,000 fr. et celui de 10,000, et ainsi, par catégories superposées, nous pourrions suivre sur des documents exacts, sur des documents incontestables, le mouvement de la fortune publique, le mouvement de la propriété foncière, et nous ne serions pas exposés à nous heurter sinon dans les ténèbres complètes, du moins dans des demi-ténèbres qu'a accumulées sur nous l'insuffisance probablement préméditée des statistiques gouvernementales.

Le Prolétariat rural

Mais, messieurs, quelque incomplets que soient les éléments de discussion que nous possédons, je crois qu'il est possible dès maintenant de tracer à grands traits la condition des diverses catégories de producteurs agricoles et de dresser en quelque mesure leur cahier.

Et d'abord, c'est à tous ceux, petits fermiers, métayers, journaliers, domestiques, valets de ferme qui ne possèdent pas la plus petite parcelle du sol, c'est à ce prolétariat rural complètement destitué de propriété que va notre sollicitude.

Je sais bien, messieurs, que le petit propriétaire, succombant sous l'impôt et sous la dette, est souvent dans une condition inférieure à celle du salarié agricole et je sais aussi qu'en France les ouvriers agricoles proprement dits ne peuvent pas prétendre au même rôle social. Ils ne fourniront pas au socialisme pour la transformation prochaine le même point d'appui qu'en Angleterre particulièrement.

En Angleterre, l'immense majorité de la population agricole se compose d'ouvriers qui ne possèdent pas, en effet, la moindre parcelle du sol et qui sont directement en lutte ou avec les grands propriétaires, ou avec les grands fermiers. Ils ne tiennent à la terre par aucune racine, ni par la propriété, ni par le domicile, car les grands propriétaires anglais, qui font construire pour les ouvriers agricoles, à portée de leurs vastes domaines, des villages de paysans, louent bien ces maisons aux ouvriers agricoles, mais ils ne les leur vendent jamais, afin de pouvoir toujours librement renouveler leur personnel agricole ; les ouvriers agricoles anglais sont des locataires à perpétuité comme le sont, par exemple, en France, les ouvriers mineurs, dans les corons du Pas-de-Calais. (*Très bien ! très bien ! à l'extrême gauche.*)

De plus, les ouvriers agricoles anglais sont habitués à travailler en commun sur de vastes domaines, munis par la puissance capitaliste des grands propriétaires de l'outillage le plus perfectionné, et cette habitude du travail en commun dans de vastes domaines les prépare peu à peu à l'idée de l'organisation socialiste.

Ainsi, tandis qu'en France l'idée socialiste a fait beaucoup plus de progrès chez les salariés industriels que chez les ouvriers agricoles, en Angleterre, au contraire, ce sont les ouvriers agricoles qui sont le plus familiarisés avec l'idée de la nationalisation du sol. Ils savent et ils disent qu'il serait facile et juste d'exproprier ces grands propriétaires anglais qui, il y a trois siècles, ont refoulé vers l'industrie naissante la paysannerie anglaise. Ils savent et ils disent qu'il serait facile d'installer sur ces grands domaines, reconquis au nom de la nation, de vastes coopératives d'ouvriers agricoles travaillant en commun sous une direction choisie par eux et recueillant enfin, au profit du travail, tout le bénéfice de la terre anglaise qui va jusqu'ici aux grands propriétaires et aux grands fermiers.

En France, la démocratie rurale ne se compose pas, comme en Angleterre, d'un élément presque unique. Elle est beaucoup moins homogène ; elle est mêlée de petits propriétaires paysans et de salariés agricoles, et cette population agricole moins homogène ne peut entrer aisément dans une conception commune et dans un mouvement commun. De plus, les vastes domaines exploités selon le type capitaliste sont plus rares en France qu'en Angleterre, et il est plus difficile, par conséquent, aux travailleurs agricoles français de dépasser l'idée un peu étroite de la propriété paysanne actuelle.

C'est ainsi qu'en France les salariés agricoles, ouvriers, journaliers, domestiques de ferme ne sont pas encore arrivés au sentiment de leur intérêt de classe, au sentiment de leur unité ; c'est ainsi qu'ils languissent à l'heure présente, à la merci des maîtres de tous ordres, nobles ou bourgeois, qui distribuent à leur gré le travail et le chômage, et les ouvriers agricoles qui n'ont aucune parcelle de propriété constituent, dans notre pays, une classe si dépendante, ils apparaissent comme une quantité tellement négligeable que jamais ici, vous l'entendez bien ? jamais vous n'avez eu l'occasion de légiférer pour eux.

Les petits propriétaires, certes, n'ont pas été absents de vos délibérations, de vos préoccupations ; on peut soutenir, on a pu soutenir que les droits de douane servaient sinon au même degré, du moins au même titre la petite et la grande propriété.

On a pu soutenir, dans la discussion récente sur les primes des sucres, que ces primes auraient des répercussions utiles pour les petits producteurs de betteraves aussi bien que pour les grands. Demain, si vous supprimiez complètement l'impôt foncier, ce serait là, évidemment, une réforme fiscale qui, dans une mesure moindre, mais enfin avec certitude, profiterait au petit comme au grand cultivateur, au petit comme au grand propriétaire.

Ainsi, les petits propriétaires, — quoique, à mon sens, il n'ait été rien fait d'efficace pour eux ici, — n'ont pas été du moins absents de vos préoccupations et de vos délibérations.

Au contraire, les ouvriers agricoles proprement dits, les salariés, les journaliers, les domestiques et les valets de ferme, par leur dénûment même et par leur pauvreté, sont au-dessous de vos lois de douane et de vos lois d'impôt. (*Très bien ! très bien ! à l'extrême gauche.*)

Et lorsque nous essayons de les rappeler à votre pensée... (*Bruit au centre.*)

Messieurs, je ne me plains pas, et je ne me plaindrai pas — je n'en ai certainement pas le droit — d'aucune interruption ; mais vous sentez bien que j'ai une carrière très longue à parcourir, et je vous demande de m'y aider par votre plus bienveillante attention. (*Parlez ! parlez !*)

Au centre. Personne ne vous interrompt !

Le citoyen Jaurès. — Je m'excusais auprès d'un collègue de ne pas répondre à son interruption.

Je disais que lorsqu'à propos des discussions sur les blés ou des discussions sur les sucres, nous prétendons ici qu'après avoir assuré aux propriétaires autant qu'il dépend de vous par vos lois de douane ou par vos lois de primes un minimum de revenu ou un minimum de profits il serait juste d'assurer un minimum de salaire, un minimum d'existence aux ouvriers agricoles, vous écartez nos amendements plus sommairement et plus dédaigneusement que d'habitude.

De même, il a fallu de longues années pour faire entrer dans le cadre de la loi sur les accidents les salariés agricoles qui peuvent être blessés par la machine agricole, et encore en ce moment, pour les accidents qui ne résulteront pas de la machine, l'accident du bouvier blessé par la corne du bœuf ou de l'ébrancheur tombé de l'arbre, ou du faucheur blessé par sa faux ou par la faux de son voisin, tous ces accidents restent en dehors des prévisions de la loi sur les accidents. (*Très bien ! très bien ! à l'extrême gauche.*) Et encore, en ce qui touche la moralité et l'hygiène, il y a quelques années, en Allemagne, quelques pasteurs protestants, dont le congrès d'ailleurs tout récent ne paraît pas avoir l'importance qu'on y attachait d'abord — quelques pasteurs protestants, entrés dans ce qu'on appelle le mouvement du christianisme social, entreprirent une enquête sur la condition des ouvriers, des valets, des servantes de ferme, sur les conditions de nourriture, d'habillement, de salaire, de couchage, et cette première enquête, messieurs, si superficielle qu'elle fût, révéla des faits si déplorables de mauvaise hygiène, de mauvais aménagement, de promiscuité inévitable, qu'elle fit sensation, et que Bebel put en utiliser les éléments.

Nous avons par vos inspecteurs des manufactures, par vos comités d'hygiène, quelques notions sur la condition des ouvriers industriels, sur le traitement qui est fait aux simples salariés par la grande, la moyenne et même la petite industrie ; mais sur la condition même des ouvriers agricoles, sur la condition d'hygiène, de santé, de moralité, où les valets, domestiques et servantes de ferme, sont condamnés à vivre, nous n'avons aucun renseignement, aucun commencement d'enquête, aucun document officiel. Or, la première chose à faire, messieurs, si nous voulons faire pénétrer un peu de progrès, non pas seulement dans ce que j'appellerai la surface visible du monde agricole, mais jusque dans ses profondeurs jusqu'ici ignorées ou dédaignées par les gouvernements ou les législateurs, c'est d'arracher ces hommes et ces femmes à cet état de demi-inconscience, de passivité, de demi-obscurité où ils languissent aujourd'hui ; il faut que tous ces hommes humbles, usés, dépendants, qui enfouissent tout leur travail dans la terre d'autrui en attendant qu'on enfouisse leurs corps dans la seule terre commune...(*Applaudissements à l'extrême gauche*) oui ! il faut que ces hommes prennent peu à peu conscience de leurs intérêts de classe ; il faut que ces prolétaires des prolétaires, dont M. Turrel signalait un jour éloquemment la détresse, apprennent à s'organiser pour devenir une puissance, à réclamer peu à peu la propriété du sol fécondé par eux, et à faire briller, au-dessus de tous les privilèges de la propriété oisive, leurs paroles et leur force, comme ils font briller l'éclair de leur faux au-dessus des herbes mûres.

Et peu nous importe que ces hommes, de longtemps encore ne puissent nous entendre et nous suivre ; peu nous importe qu'à la merci de ceux qui dispensent le travail et le salaire, ils soient destinés longtemps encore peut-être, métayers ou journaliers, à consacrer de leur vote passif précisément la servitude et la misère que nous voudrions faire cesser. (*Applaudissements à l'extrême gauche. — Réclamations au centre et à droite.*) Notre rêve de justice n'est pas d'un jour, notre œuvre n'est pas une combinaison éphémère d'intérêt prochain, et c'est d'abord aux plus dépendants, aux plus obscurs, aux plus dénués que va notre sollicitude, précisément parce qu'ils sont les plus obscurs, les plus dépendants et les plus dénués ! (*Applaudissements à l'extrême gauche.*)

La Prud'homie agricole

Mais, dès aujourd'hui, pour les relever de cette condition d'infériorité et de passivité, vous pouvez faire deux réformes que j'appellerai préliminaires et que nous vous demandons pour eux. Nous demandons d'abord qu'en leur faveur soit organisée la représentation du monde rural. M. le président du conseil connaît bien cette question. Il a pris l'initiative, il y a bien des années, d'un projet excellent qui organisait la représentation du monde agricole dans la pensée la plus large.

Tous ceux qui participent à la vie agricole, à quelque titre que ce soit, comme propriétaires, grands ou petits, comme salariés, avaient dans le projet de M. le président du conseil, alors ministre de l'agriculture, le même droit de vote, le même droit à la représentation. Et il me sera bien permis de dire que si M. le président du conseil, profitant du surcroît d'autorité que lui a donné précisément la présidence du conseil, avait mis à faire discuter et voter par cette Chambre cette loi démocratique d'organisation rurale le même zèle, la même ténacité qu'il a apportés au vote des lois sur les primes, à l'heure actuelle la démocratie rurale aurait la représentation à laquelle elle a droit. (*Vifs applaudissements à l'extrême gauche.*)

M. Jules Méline. *président du conseil, ministre de l'Agriculture.* — Si vous aviez moins interpellé, ce serait fait ! (*Applaudissements au centre. — Exclamations à l'extrême gauche.*)

Le citoyen Jaurès. — C'est entendu !

M. le président du conseil. — Ce sera fait quand vous voudrez.

Le citoyen Jaurès. — Messieurs, je ne m'imaginais pas que nous avions un droit aussi étendu à la reconnaissance des conservateurs. (*Très bien ! très bien ! à l'extrême gauche.*) J'imagine à peine dans quel abîme de réformes serait précipitée la société d'aujourd'hui si nous n'avions pas interpellé ? (*Rires à l'extrême gauche.*)

M. le président du conseil. — Assurément !

Le citoyen Jaurès. — Mais il ne suffirait pas d'organiser la représentation agricole sur cette base d'égalité. Il nous semble qu'il serait sage, pour que la grande propriété par son influence excessive ne puisse pas, indirectement, exclure de ces conseils électifs de l'agriculture les salariés qui dépendent d'elle, il nous semble qu'il serait équitable de réserver par la loi même à l'élément salarié une certaine proportion définie dans ces conseils de représentation agricole.

Il y a une autre réforme préliminaire que vous pouvez faire, c'est d'organiser la prud'homie agricole. Entre les propriétaires et les fermiers, entre les propriétaires et les métayers, ou même entre les fermiers et les journaliers agricoles, il peut surgir et il surgit en effet des différends, comme entre les patrons industriels et les salariés industriels. Nous vous demandons de faire juger ces différends du monde agricole comme vous faites juger les différends du monde industriel. Je suis heureux de recueillir sur ce point l'adhésion de M. le ministre des travaux publics.

Il n'y a pas là seulement une question de compétence. Il y a aussi, je puis dire, une question de dignité pour le travail. Si vous voulez relever à ses propres yeux le travail agricole du plus humble et du plus écrasé des salariés, ce sera une bonne chose que d'admettre des salariés agricoles à juger, au nom de la nation, à côté des grands propriétaires et au même titre qu'eux, les différends survenus entre les salariés et les propriétaires, entre les propriétaires et les fermiers.

C'est là, il faut le répéter, la chose première, la chose essentielle. Tant que le prolétariat rural n'aura pas pris conscience de lui-même, tant qu'il ne sera pas sorti de l'inertie et de la torpeur où il languit encore, rien ne sera fait pour lui par les classes dirigeantes.

En vérité, déjà le mouvement commence, déjà l'ébranlement commence parmi ces 3,500,000 ouvriers agricoles, parmi ces 500,000 métayers, parmi ces 800,000 petits fermiers qui sont exclus de la propriété du sol au profit de 300,000 familles nobles, bourgeoises ou capitalistes.

Patience du Paysan

Oui, messieurs, c'est chose étrange, c'est chose surprenante que la longue patience du travail paysan et de la souffrance paysanne !

Oui, depuis trois siècles, depuis les humbles commencements de l'industrie moderne, les ouvriers industriels ont été bien foulés, bien pressurés. Le capital naissant d'abord, puis grandi, a fait sur les ouvriers des usines, des manufactures, des fabriques, de formidables prélèvements, et il n'y a rien de plus douloureux que la complainte des ouvriers tisserands au moyen âge finissant alors qu'ils se plaignaient de tisser pour les maîtres et seigneurs les riches tissus et de ne tisser pour eux-mêmes qu'un pauvre linceul.

Et pourtant le mécanisme capitaliste, le mécanisme industriel a une telle complication que les ouvriers industriels eux-mêmes peuvent très bien ne pas discerner d'abord l'exploitation même qui pèse sur eux et qu'ils ont mis des siècles dans leur ensemble à s'apercevoir que c'est de leur seul travail qu'était faite la substance de toutes les richesses. Mais les paysans, par quel prodige de résignation et d'ignorance, vivant en pleine nature, parmi ces richesses évidemment créées par la seule vertu de leur travail ajoutée à la vertu du soleil et de la terre, oui, comment ont-ils supporté leur éternelle vie de privations et de dénuement ?

Toujours, depuis dix-huit siècles, sous la discipline des

grands domaines gallo-romains, sous la hiérarchie de la propriété féodale, sous l'égoïsme de la propriété bourgeoise et financière, toujours ils ont laissé couler vers d'autres, vers une minorité oisive, les sources du blé et du vin, de richesse, de force et de joie qui jaillissent de la terre sous leur outil, sous leur effort.

A eux la peine des labours et le souci des semailles, à eux le travail inquiet de la pioche au pied de chaque cep, à eux l'acharnement de la cognée sur la forêt résistante, à eux les courts sommeils dans l'étable et le soin du bétail avant le lever du jour. Mais toujours c'est vers le noble Gaulois, tout fier d'un récent voyage à Rome, c'est vers le suzerain féodal qui se harnache pour le somptueux tournoi, c'est vers le financier gaspilleur, vers le bourgeois taquin et avare que va de siècle en siècle la richesse des champs, des vignes et des bois. (*Vifs applaudissements à l'extrême gauche.*)

Le paysan voit fuir de ses mains la force des étés, l'abondance des automnes, et c'est pour d'autres toujours qu'il s'épuise et qu'il pâtit. Mais aussi, quelle que soit sa résignation et sa sujétion, toujours, de l'origine des temps, à l'heure présente, il a fait entendre, de siècle en siècle, une protestation pour avertir les puissants que lui aussi il saurait et voulait jouir.

Au moyen âge même, lorsque les vilains protestaient contre les gentilshommes, ils ne se bornaient pas à dire :

> Nous sommes hommes comme ils sont
> Et tout autant souffrir pouvons.

Ils ajoutaient qu'avec cette égale faculté de souffrance, ils avaient une égale faculté de joie et qu'ils voulaient, eux aussi, se rassasier des biens de la terre.

Et aujourd'hui encore, quand les paysans, dans les chants que j'ai entendus un peu partout, en Loir-et-Cher comme en Corrèze, et qui traduisent le fond vivant de leurs âmes, lorsque les paysans se plaignent que leurs maîtres réservent toujours pour eux-mêmes, pour eux qui ne peinent pas, tous les mets les plus succulents, les primeurs les plus fines... (*Rumeurs au centre et à droite. — Très bien ! très bien ! à l'extrême gauche.*)

Oh ! messieurs, je connais le pharisaïsme idéaliste. (*Très bien ! très bien ! à l'extrême gauche.*) Je sais qu'il est vulgaire et humiliant de parler des choses matérielles pour les autres quand on s'est assuré à soi-même l'entière satisfaction. (*Applaudissements sur les mêmes bancs.*)

Lorsque ces paysans, en réponse à notre questionnaire, nous ont écrit que leurs maîtres ne leur laissaient de la viande que les os (*Rumeurs au centre et à droite*), du beurre que le petit lait, de la volaille que la plume, et qu'au sortir des vignes remuées par eux ils ne buvaient que de l'eau (*Nouvelles rumeurs au centre et à droite*), ils avertissaient les privilégiés.

A droite. — Mais où cela se passe-t-il ?

Le citoyen Jaurès.—Ah ! si nous en faisions le compte...

M. de Saint-Martin. — Oui ! faites-le.

Le citoyen Jaurès..... Si nous pouvions dresser en ce moment contre la société présente tous les paysans qui, en créant la richesse, sont obligés de vivre de la vie la plus misérable et la plus sordide, bientôt vous disparaîtriez. (*Applaudissements à l'extrême gauche.*)

Et c'est tant pis précisément pour ceux qui songeraient à accuser d'un matérialisme grossier ces paysans-là ! La vraie faute, la seule faute des paysans envers la civilisation a été au contraire de se résigner trop facilement à la nourriture pauvre, à la demeure sordide, à l'excès du travail exténuant. (*Applaudissements à l'extrême gauche.*)

Oui, que l'appétit s'éveille en eux, appétit du plaisir et de la joie, appétit de la nourriture forte et de la boisson généreuse ; appétit de la lumière et de la vie, et sous l'aiguillon de l'instinct réveillé leur pensée inerte ou endormie tressaillera, et ils hausseront leur volonté pour se débarrasser des classes parasites qui les épuisent (*Nouveaux applaudissements à l'extrême gauche*) ; ils hausseront leur pensée pour organiser avec toutes les forces de la science un travail plus fructueux et moins écrasant ; ils hausseront leur conscience pour échapper aux jalousies et aux défiances misérables qui les paralysent et pour substituer la combinaison des efforts et la coopération paysanne au travail isolé où leur corps s'épuise et où leur esprit s'ensevelit.

C'est ainsi que, de leur appétit physique plus délicat, plus exigeant et plus hardi, surgira en eux une vie supérieure et ceux-là seuls sont des matérialistes au sens grossier qu'ils donnent à ce mot qui hébètent les facultés paysannes par la continuité des privations au lieu de les exciter par l'espérance et par le désir. (*Applaudissements à l'extrême gauche.*)

Besoins nouveaux

Mais c'est en vain que nous prêcherions aux paysans une conception nouvelle de la vie, si le dur et pauvre ordre social sous lequel ils geignent et se résignent ne s'ébranlait de lui-même nécessairement.

Vous-mêmes, messieurs, qui protestiez tout à l'heure contre mes paroles, mais c'est par poignées que vous arrachez les paysans à leurs habitudes anciennes. Vous les prenez tous à vingt ans, tous sans exception, et vous les enfermez dans les casernes où vous les gardez trois ans.

M. le comte du Périer de Larsan. — Et les autres? Est-ce que tout le monde ne passe pas par la caserne aujourd'hui?

Le citoyen Jaurès. Je vous entends dire tout le monde! J'ai démontré à cette tribune — et sur ce point M. le ministre de la guerre a été obligé d'acquiescer à mes paroles — qu'à l'heure actuelle, dans les régiments d'infanterie, il y a une proportion de 61 p. 100 d'hommes qui ne font qu'un an de service, et, dans cette proportion des exemptés. en ce qui touche du moins les dispenses dites professionnelles, les faveurs abusives, pas un paysan, rien que des bourgeois! (*Dénégations au centre et à droite.* — *Applaudissements à l'extrême gauche.*)

M. Armand Porteu. — Allons donc! c'est un fait matériellement inexact.

M. Jules Méline, *président du conseil, ministre de l'agriculture.* — M. le ministre de la guerre n'a pas dit cela!

Le citoyen Jaurès. — Je crois que si cette constatation touchait moins juste... (*Applaudissements à l'extrême gauche.*)

Le citoyen Millerand. — Très bien! très bien!

Le citoyen Jaurès. — ... elle soulèverait moins de passion.

Je dis donc qu'ainsi vous faites fermenter en eux des besoins nouveaux; puis, par vos expositions universelles, colossales, périodiques, — je ne vous le reproche pas, je constate — vous les précipitez à prix réduits vers des spectacles nouveaux, et eux, les habitués des solitudes ou des petits groupes locaux, ou de ces marchés de villages qui ont encore un air de famille, vous les jetez, vous les perdez dans le torrent des foules inquiètes que mène je ne sais quel besoin d'agitation.

Et puis surtout, à mesure que la société se complique, que

vos besoins d'administration se multiplient, vous les appelez de plus en plus, eux, les travailleurs du sol, dans les fonctions publiques ; vous en faites des cantonniers, des facteurs, des courriers, des instituteurs, des petits fonctionnaires de tout ordre, et ceux que vous n'y appelez pas encore, les partis en tournée leur promettent de les y appeler, si bien que vous n'avez plus aujourd'hui que des paysans provisoires... (*Mouvements divers.*)

A l'extrême gauche. C'est très juste.

Le citoyen Jaurès. ... et qui sont presque tous partagés entre l'ancien attachement à la terre et ce besoin nouveau que tout fait grandir en eux.

Et je ne parle pas de cette croissance de la grande industrie formidable, colossale, de l'industrie d'exportation qui, pour livrer des rails de chemins de fer aux provinces chinoises, est obligée d'appeler vers les grandes villes de France des travailleurs arrachés aux sillons ; en sorte que par toutes les nécessités du développement capitaliste et de la civilisation elle-même, c'est vous, nécessairement, qui arrachez peu à peu les paysans à leurs habitudes et à leurs traditions !

C'est vous qui voudriez vous appuyer à la démocratie rurale comme à un tronc robuste pour résister à la poussée ouvrière, vous qui déracinez plus qu'à moitié les paysans de la terre quand vous ne les déracinez pas tout à fait ! Comment, en effet, pourriez-vous les retenir ? Est-ce par l'élévation du salaire qui est touché par eux ? Je sais bien qu'on se plaint beaucoup dans le monde des propriétaires ruraux de la cherté de la main-d'œuvre ; qu'on se plaint aussi de sa rareté. Il y a de grands propriétaires qui voudraient, pour pouvoir utiliser à bon compte au moment de la moisson une main-d'œuvre abondante, que les paysans subissent des chômages de huit et neuf mois au lieu d'aller vers la ville. (*Très bien ! très bien ! à l'extrême gauche.*)

Mais quels sont donc ces salaires ? Quelle est donc la condition matérielle des travailleurs agricoles ? Je ne parle pas de ces ouvriers bûcherons du Cher auxquels j'ai fait allusion en débutant et dont l'honorable M. Develle, alors ministre de l'agriculture, reconnaissait, au Sénat, l'extrême détresse et le triste dénûment. Et comme pour constater, par un élan de pitié personnelle, la profonde impuissance des gouvernements d'aujourd'hui devant ces misères comme devant les autres, M. Develle qui, comme ministre ne pouvait rien, prenait, comme homme privé, l'initiative très honorable d'une quête au profit des ouvriers bûcherons du Cher.

Je ne rappelle cet exemple, car vous pourriez me dire que c'est là un fait exceptionnel! bien qu'une société soit déjà singulièrement suspecte, qui permet même, à l'état d'exception, une pareille chute des salaires, c'est-à-dire une pareille chute de l'homme.

Mais habituellement et en moyenne que gagnent donc, que reçoivent donc les travailleurs du sol?

Charges des Métayers

Pour les métayers, l'évaluation est difficile, parce qu'ils sont payés en nature; mais vous savez bien que, surtout depuis la baisse des denrées, ils sont obligés de porter au marché, pour payer l'impôt.

A droite. — Il ne le payent pas.

Le citoyen Jaurès. — Ah! messieurs, entendons-nous, c'est toujours la même querelle.

Il n'y a rien de bigarré comme les usages agricoles en matière de métayage. Par conséquent, lorsque l'un de mes collègues me dit : « Mais les métayers ne payent pas l'impôt », cela veut dire que les métayers de sa circonscription ne payent pas l'impôt.

Je ne prétends pas du tout que les métayers de toutes les circonscriptions payent l'impôt, mais je vous affirme qu'il y a dans le Limousin et dans le Languedoc, en tout cas, des régions très étendues où les métayers sont censés payer la moitié de l'impôt.

Je dis « qu'ils sont censés payer la moitié de l'impôt » parce que, en fait, il payent souvent bien davantage, et cela par une raison très simple : c'est que jamais la feuille d'impôt adressée au propriétaire n'est communiquée au métayer, et le métayer paye à l'aveugle sans pouvoir vérifier l'exactitude de la charge qui lui est imposée. (*Applaudissements à l'extrême gauche. — Réclamations au centre.*)

MM. le comte du Périer de Larsan et Jumel. — Ils ne sont pas si naïfs que cela.

Le citoyen Jaurès. — Vous pouvez sourire, vous pouvez même multiplier vos protestations : je m'en réjouis. Comme je sais que nos affirmations répondent en bien des points à la réalité absolue des faits, les métayers eux-mêmes qui auront évidemment, après cette discussion, en mains une partie des pièces du procès jugeront dans ces questions entre la valeur de nos affirmations et la valeur de vos protestations. (*Très bien ! très bien ! à l'xtreme gauche.*)

M. Pajot. — Ce que vous dites est encore au-dessous de la vérité.

Le citoyen Jaurès. — C'est le premier point sur lequel doivent précisément porter les réformes dans l'intérêt des métayers. Il est inadmissible que vous les laissiez plus longtemps supporter une charge d'impôts dont ils ne connaissent pas l'étendue, et puisqu'il y a des contrats, des usages qui les obligent à payer la moitié de l'impôt qui pèse sur le domaine qu'ils ont reçu à moitié prix, nous demanderons que cette part d'impôt leur soit officiellement, authentiquement communiquée.

Messieurs, il y a un autre fait dont les métayers se plaignent et ont raison de se plaindre, comme les fermiers, quoique à un degré moindre : c'est que la plus-value incorporée par eux au sol du domaine ne leur soit pas remboursée. (*Très bien ! très bien ! à l'extreme gauche.*)

Cela est d'autant plus injuste que les métayers subissent, au contraire, en certains points, les charges défavorables. Ainsi l'évaluation est faite, lorsqu'ils entrent dans le domaine, de la valeur des fourrages ou des bestiaux qu'ils y trouvent, et malgré la baisse survenue dans les denrées, ils sont obligés, à leur sortie de la ferme ou de la métairie, de constituer et de laisser au propriétaire une valeur équivalente à celle qu'ils ont reçue. (*Dénégations à droite et sur plusieurs bancs au centre.*)

M. de la Biliais. — Ils laissent la moitié seulement, pas davantage !

Le citoyen Jaurès. — Je vous demande pardon ! J'ai sur ce point mieux que des affirmations, j'ai des attestations tout à fait précises.

Vous le voyez, la première enquête de parti — je le dis très nettement — fait surgir de la démocratie paysanne des affirmations, et vous constatez les malentendus et les contradictions qui se produisent.

Eh bien, j'en retiendrai surtout ceci : c'est qu'il est impossible précisément que nous nous en tenions à ces enquêtes étroites de parti, que chacun peut soupçonner de partialité; qu'il est indispensable, pour régler entre nous ces contestations de fait d'organiser au grand jour, avec tous les moyens d'action dont vous disposez, en y appelant tous les éléments de la France rurale, cette enquête générale que nous vous demandons. (*Très bien ! très bien ! à l'extrême gauche.*)

Je dis — et, en tout cas, vous ne sauriez contester cette affirmation générale, puisque précisément des projets de loi ont été déposés pour y porter remède — je dis qu'il est injuste que le métayer comme le fermier soit exposé à incorporer au sol une valeur dont il n'aura pas durant sa gestion, durant sa participation, recueilli ou épuisé le bénéfice. Et je pourrais vous citer des métayers de Bourgogne qui, après avoir planté en vigne le domaine, en étaient exclus au moment même où ils pouvaient prétendre à la part des fruits. Et vous me permettrez de m'étonner qu'une législation protectrice du travail rural, qui existe et fonctionne depuis des années non seulement en Irlande, où il y a une sorte de législation révolutionnaire, mais aussi en Angleterre, ne protège pas dès maintenant en France les métayers et les fermiers.

C'est la loi sur le remboursement de la plus-value ; c'est aussi la loi instituant les conseils d'arbitrage qui peuvent, en certains cas, selon les données de l'équité, tempérer, atténuer le taux des fermages. Est-ce qu'il ne vous paraîtrait pas juste que, dans notre pays de France, alors que la crise agricole a été si douloureuse, de pareils conseils d'arbitrage et d'équité pussent être institués pour réduire la proportion des fruits qu'est obligé d'abandonner le métayer quand elles excèdent ce que raisonnablement il doit abandonner dans l'état actuel de pénurie du travail agricole ?

Vous savez bien que très rares sont les points — il y en a dans la partie pauvre des Landes — où le métayer touche les deux tiers de la récolte. D'habitude, dans nos pays, c'est la moitié. Mais il y a bien des régions, dans le Lot-et-Garonne notamment, où le métayer est obligé d'abandonner beaucoup plus de la moitié de la récolte ; il y a bien des régions où, avant que le partage par moitié qui, dans nos pays, semble la règle d'équité, se fasse entre le propriétaire et le colon, le propriétaire fait un prélèvement préalable, quelquefois du sixième, quelquefois du quart, et ce prélèvement, par un singulier appel des mots, porte dans nos régions du Sud-Ouest le nom de dîme.

Eh bien ! il faudrait savoir s'il n'y a pas lieu d'examiner, après que vous avez consenti pour les propriétaires de France, par vos lois de douanes, tant de sacrifices imposés aux classes ouvrières, si vous ne devez pas assurer une partie de ce bénéfice aux travailleurs du sol en décidant par ces conseils d'arbitrage dont je parle que ce prélèvement opéré sur le métayer ne pourra pas dans telle région, excéder la moitié, et que ces dîmes usuraires seront abolies par la loi.

Salaire des journaliers

Pour les ouvriers de ferme, pour les domestiques et les servantes, quel est le salaire, quel est le gage annuel ? Il n'excède guère, pour les favorisés, 350 fr. par an, nourriture en plus, bien entendu.

Le citoyen Desfarges. — Il n'y en a pas beaucoup qui reçoivent ce prix-là.

Le citoyen Jaurès. — Et ce sont là les plus favorisés. (*Dénégations au centre et à droite.*) Et j'ajoute qu'en bien des points — et ici je n'invoquerai plus mes propres documents, mais des publications en quelque sorte officielles, — j'ajoute qu'en bien des points, il y a cinq ou six ans, au plus fort de la crise, les gages des domestiques de ferme ont subi une diminution.

Il y a un agronome, M. Couvert, dont vous connaissez probablement les études et qui est, à coup sûr, un des agronomes les plus expérimentés, qui a publié sur les grands domaines de France une série de monographies dans le type des monographies de M. Le Play. Et il constate qu'il y a quatre ou cinq ans, dans les grands domaines qu'il étudie, en particulier dans le grand domaine de Fresnes, qu'il donne comme type, les gages des ouvriers, des domestiques agricoles ont subi pendant la crise une diminution de près de 20 p. 100.

Et quel est le régime auquel sont astreints ces hommes ? Quelle est leur nourriture ? Quel est leur nombre d'heures de travail ? Messieurs, je n'en connais pas et je crois qu'il n'y a pas de condition plus assujettissante, plus terrible que celle du domestique de ferme, parce qu'elle cumule, à la fois, les charges de l'ouvrier proprement dit et du domestique proprement dit.

L'ouvrier proprement dit doit, pendant les heures de travail, un travail d'une intensité assez grande ; mais, une fois ce labeur fini, il s'appartient. Au contraire, le domestique attaché à la personne, lui, ne s'appartient pour ainsi dire jamais ; mais, en revanche, ce n'est pas un travail d'une intensité égale qu'il est obligé de fournir ; il y a de grands intervalles de relâche et de repos. Au contraire, le domestique et la servante de ferme sont tout à la fois obligés de fournir le travail intense que fournit l'ouvrier ordinaire et, en même temps, ils ne peuvent pas, comme le domestique attaché à la personne, disposer seulement d'une seule heure de leur journée.

De la première heure du jour à la dernière, toujours sous la surveillance du maître pour le travail, toujours sous le regard du maître à la table commune.

Et vous, messieurs, qui nous parlez toujours de la défense de l'individualité, je vous demande s'il y a une forme basse de phalanstère, une forme inférieure de communisme comparable à cette condition des domestiques de ferme qui n'ont aucune parcelle de propriété, aucun droit garanti, qui n'ont jamais une heure pour se retrouver avec eux-mêmes, pas une table à eux, pas un domicile à eux, et qui sont obligés de fournir, je le répète, avec le travail intense de l'ouvrier proprement dit, la présence continue du domestique attaché à la personne. (*Applaudissements à l'extrême gauche.*)

Et pour les journaliers, quel est le salaire ? Evidemment, il est variable suivant les régions et aussi suivant les saisons ; mais ce qui m'a paru d'abord se dégager de l'examen général, c'est qu'il est d'habitude, même à proximité des petites villes, inférieur d'un tiers au salaire le plus modeste des ouvriers industriels. En hiver, il n'excède guère, en comptant la nourriture, 2 fr., et s'il atteint quelquefois le chiffre de 2 fr. 50 pendant la fauchaison, de 3 fr. 50 ou 4 fr. pendant les moissons ou les vendanges, c'est à titre tout à fait exceptionnel.

M. Fernand de Ramel. — Combien l'Etat paye-t-il les cantonniers ?

Chômages croissants

Le citoyen Jaurès. — Messieurs, je sens la difficulté qu'il y a à formuler un chiffre moyen dans des faits qui se diversifient sur toute l'étendue du territoire ; j'essaye, le plus loyalement du monde, de dégager la moyenne qui m'a paru résulter des chiffres nombreux que j'ai recueillis et contrôlés. Si vous la trouvez trop haute ou trop basse, vous viendrez en opposer une autre. Mais je dis que, pour les ouvriers agricoles, surtout depuis quelques années, il ne faut pas seulement compter le travail et le salaire à la journée, il faut aussi tenir compte des chômages croissants qui affectent à l'heure actuelle les journaliers agricoles.

Je dis « chômages croissants », d'abord parce qu'il y a des régions où il a été impossible, faute de capitaux, comme dans certains cantons des Charentes, à Jonzac, à Segonzac, dans les cantons des environs de Cognac où il semblerait pourtant que la vigne dût avoir une exceptionnelle valeur, il a été impossible de replanter faute de capitaux, faute d'un crédit agricole plus largement entendu que celui de la mutualité. (*Interruptions au centre et à droite.*)

M. Gabriel Dufaure. — C'est une erreur complète.

M. le comte de Lanjuinais. — C'est parce que le sol ne se prête pas à la reconstitution.

Le citoyen Jaurès. — Et alors, la vigne disparue, il est bien évident que le travail a disparu aussi. Mais le progrès incontestable du machinisme agricole n'a pas été étranger non plus à cette diminution de la quantité de main-d'œuvre et de travail.

Ah ! je sais très bien que la machine agricole ne supprime pas la main-d'œuvre dans la même proportion que la machine industrielle. Il n'y a guère qu'une machine agricole, la défonceuse à grand travail, qui supprime la main-d'œuvre dans la même proportion que la machine industrielle, puisqu'il résulte du calcul d'ingénieurs agronomes qu'une couple de défonceuses à grand travail, fonctionnant toute l'année, représente 80,000 journées de travail humain.

Mais comme il eut été impossible au propriétaire cultivateur de demander à la main-d'œuvre l'espèce de travail que fait la défonceuse à grand travail, il est évident qu'il n'y a pas eu là, pour les ouvriers de nos campagnes, une perte de travail et de salaire.

Il n'en est pas de même pour les autres machines, et si elles ne suppriment pas la main-d'œuvre dans la même proportion que les machines industrielles, il faut que vous songiez aussi, par compensation, que le champ de la production agricole est beaucoup plus restreint que le champ de la production industrielle, et que les salariés agricoles ne peuvent pas retrouver sous une autre forme la quantité de travail qui leur échappe. Mais les faucheuses mécaniques suppriment, d'après les communications que des paysans nous ont faites, six à sept salariés ; les moissonneuses-lieuses suppriment une quinzaine d'hommes : sept faucheurs et, à peu près sept ou huit ramasseurs. Les batteuses mécaniques, qui ont été un si grand progrès, ont eu cet effet, dans beaucoup de nos régions à blé, de supprimer pendant les mois d'hiver le travail des batteurs en grange.

Par conséquent, tous les progrès du machinisme agricole se sont traduits forcément, c'est l'essence même des choses, par un recul de la main-d'œuvre paysanne ; de même pour les arracheuses de betteraves ; de même dans les vignes pour la substitution des procédés de sulfatage avec le cheval et les tonneaux aux procédés de sulfatage à dos d'hommes, de même pour la substitution des piquets avec fils de fer à l'ancien système d'échalas dans les vignes. Il n'y a pas une seule partie de la production agricole — et je vous demande pardon de ces détails techniques, mais si nous ne précisons pas, on dirait que nous apportons toujours des paroles vagues — *(Applaudissements sur les mêmes bancs)* Il n'y a pas une seule partie de la production agricole dans laquelle la machine n'ait arraché aux cultivateurs une partie de la main-d'œuvre, et si vous évaluez à 10 millions d'hectares, c'est-à-dire à la moitié environ de la surface de la grande propriété, le nombre des hectares sur lesquels fonctionnent des machines agricoles, comme il résulte du calcul des ingénieurs agronomes que l'application actuelle du machinisme supprime 25 fr. par hectare de main-d'œuvre paysanne, c'est, depuis une quinzaine d'années déjà, 200 millions de main-d'œuvre annuellement retranchés aux salariés agricoles.

Mais ici, je le répète, qu'il n'y ait pas de malentendu. Je ne voudrais pas que, pour personne ici, et encore moins pour personne au dehors, la constatation que nous faisons pût apparaître comme une condamnation de la machine. Nous ne condamnons pas le progrès technique ; les paysans socialistes savent bien que la machine elle-même sera une libératrice lorsqu'elle aura été délivrée du joug du capital et de la grande propriété terrienne.

Ils savent bien que le jour où ils pourront l'utiliser eux-mêmes, pour eux-mêmes, elle diminuera leur effort tout en accroissant leur richesse. Et les paysans, du haut des faucheuses mécaniques ou des moissonneuses-lieuses, laissant derrière eux de longues traînées de gerbes bien à eux, doublement affranchis par la propriété commune et par la science, seront les maîtres superbes de cette terre dont, depuis l'origine des temps, ils sont les misérables serfs. (*Vifs applaudissements à l'extrême gauche.*)

Mais j'ai bien le droit, retranchant ces périodes de chômage forcé du total annuel des salaires, de constater avec les ouvriers agricoles que ceux-là sont parmi les favorisés qui peuvent avoir, au bout de l'an, 5 à 600 fr. de salaire net. Je demande à l'honorable M. Méline, je demande aussi par avance à l'honorable M. Deschanel, puisque le débat a été, au dehors, engagé entre nous, si c'est avec ce salaire annuel de 5 à 600 fr., avec ce pauvre salaire de journalier agricole, réduit encore par la croissance du chômage, que vous pensez que tous ces travailleurs du sol arriveront à conquérir enfin un morceau de propriété.

Oui, de-ci, de-là, l'un d'eux, plus favorisé que les autres, pourra arracher un lambeau du sol ; mais de l'ensemble de cette classe de prolétaires agricoles, de salariés agricoles, il ne faut pas se jouer en disant qu'elle peut épargner, sur un salaire toujours réduit, pour arriver à la propriété. Non ! tant que durera le régime capitaliste, prolétaires ils sont, et prolétaires ils resteront, et vous ne pouvez pas ouvrir devant eux l'espoir de la propriété. (*Très bien ! très bien ! à l'extrême gauche.*)

Mais bien loin que vous puissiez ouvrir la propriété aux ouvriers agricoles, qui n'en ont pas la moindre parcelle, vous ne pouvez même plus assurer, sauver la petite propriété paysanne actuellement constituée. Vous ne le pouvez plus ; et vous n'avez rien fait dans ce but.

Je vous parlais tout à l'heure des charges exceptionnelles de service militaire qui pèsent sur les paysans, et je vous montrais que c'est en vain, depuis des années, que nous réclamons pour eux non pas l'égalité apparente, non pas l'égalité trompeuse, mais l'égalité véritable dans l'impôt militaire.

Réformes fiscales

Il en est de même, messieurs, pour les charges fiscales. Vous avouez vous-mêmes, — et l'abondance des projets de M. Cochery en témoigne — que les paysans supportent pour l'impôt plus que leur charge. Et pourtant, monsieur le président du conseil, il s'est offert à vous, il s'est offert à la majorité de cette Chambre, depuis qu'elle est réunie, depuis quatre ans, trois occasions de dégrever la petite propriété paysanne ; aucune de ces trois occasions n'a été saisie par vous et par vos amis.

La première, je la rappelle d'un seul mot et n'y reviens plus, c'est l'emploi des 60 millions qui provenaient de la conversion. Vous nous avez dit, au moment où j'en réclamais l'affectation...

M. Fernand de Ramel. — Vous n'étiez pas le seul. La droite l'a réclamée en même temps que vous.

Le citoyen Jaurès. — Prenez garde, monsieur de Ramel, vous allez me faire accuser par M. le président du conseil d'alliances immorales avec les ennemis de la République. (*Très bien ! très bien ! et rires à l'extrême gauche et sur divers bancs à gauche.*)

M. Fernand de Ramel. — Il n'y pas de danger, parce que nous n'avons pas les mêmes moyens.

Le citoyen Jaurès. — Mais vous conviendrez qu'entre nous ce ne serait qu'un accident. Je vous laisse à juger si ailleurs c'est une habitude. (*Applaudissements sur les mêmes bancs.*)

M. Fernand de Ramel. — Je souhaite que votre but soit aussi bon que le nôtre.

M. le président du conseil. — C'est un accident qui a eu quelque durée. (*Rires au centre.*)

Le citoyen Jaurès. — Ce que dit M. de Ramel ne fait que confirmer ma démonstration. Nous avons été plusieurs — je veux bien partager — à réclamer l'emploi des 60 millions de la conversion. Je demandais personnellement que ces 60 millions fussent affectés au dégrèvement de la seule propriété rurale travaillée par son propriétaire. On nous a dit à ce moment; je me le rappelle bien et je crois que M. le président du conseil, simple député alors, est intervenu en ce sens...

M. le président du conseil. — Parfaitement !

Le citoyen Jaurès. ... on nous a dit que ce n'était pas au dégrèvement de l'impôt foncier qu'avait été solennellement promis depuis des années le produit de la conversion, que c'était bien plutôt à la diminution des droits de mutation sur la terre.

Eh bien, je n'ai aucune envie de chicaner avec vous sur ce point, puisque la réalité a réconcilié les deux thèses (*Rires à l'extrême gauche*) : vous avez aussi peu affecté les 60 millions de la conversion à la diminution des droits de mutation qu'au dégrèvement de l'impôt foncier. Ne discutons donc plus sur l'affectation qui avait été antérieurement convenue. Disons seulement que ces 60 millions sont allés au gouffre, que toute cette richesse est tombée dans le budget et qu'aucune parcelle, malgré de solennels engagements, n'a été recueillie par la démocratie paysanne. (*Applaudissements à l'extrême gauche.*)

Il y a une deuxième occasion, celle-là retentissante et orageuse, c'est le projet d'impôt général et progressif sur le revenu, qui a mal tourné. Vous l'avez combattu très violemment ; quelques-unes de vos critiques de détail étaient justes, mais il était facile d'y faire droit sans supprimer le principe du projet ; il était facile, par exemple, malgré les symétries de fiscalité où se complaisent nos administrations, de ne pas compter dans le revenu du paysan la soupe aux choux et le lard dont il se nourrit. Vous avez fait grand état de cet argument ; il était facile de le faire disparaître. (*Très bien ! très bien ! à l'extrême gauche et sur plusieurs bancs à gauche.*)

Il était très facile aussi, dans les familles où le revenu provient du travail, de ne pas faire bloc en un seul revenu du revenu des différents membres de la famille.

Et enfin, puisque l'honorable M. Georges Leygues, dont je ne suis plus sûr qu'il interprète tout à fait votre pensée, disait l'autre jour à Bordeaux « qu'en tout cas, un des vices essentiels du projet Doumer était de ne pas distinguer dans la taxation le revenu qui provient du capital et le revenu qui provient du travail », nous sommes enchantés, nous socialistes, de recueillir la constatation officielle de la différence que font les modérés entre le revenu qui provient du capital et le revenu qui provient du travail. Il est très facile, tout en maintenant le système de l'impôt global et progressif, d'évaluer à des taux divers les éléments de cet impôt global et progressif, ceux qui proviennent du travail et ceux qui proviennent du capital.

Non, vous avez essayé de tuer, par des critiques de détail et en le transformant en une véritable pelotte d'épingles...

M. Charonnat. — Très bien !

Le citoyen Jaurès... ce projet maudit d'impôt général et progressif sur le revenu. La vérité, c'est que vous ne voullez pas du principe.

Le citoyen Desfarges. — Parfaitement.

Le citoyen Jaurès. —Vous ne voullez pas de la définition totale de la fortune et vous ne voullez pas de la progression appliquée aux fortunes les plus considérables pour dégrever les plus petites. (*Applaudissements à l'extrême gauche et sur plusieurs bancs a gauche.*)

Ce projet a donc succombé, violemment attaqué par les uns, un peu abandonné par les autres. (*Mouvements divers.*) Il avait d'ailleurs un défaut : c'était d'être trop timide.

Lorsqu'on s'attaque à des privilèges d'impôts, lorsqu'on se heurte aux formidables résistances qu'à la plus anodine tentative de réforme fiscale opposent toujours les classes possédantes, c'est une imprudence de ne pas mettre de l'autre côté, dans la bataille, tous les intérêts et toutes les forces, en donnant d'emblée à la réforme qu'on propose, toute sa portée et toute sa vigueur. (*Applaudissements à l'extrême gauche*).

Eh bien, la bataille n'est pas finie, et nous reviendrons ici, à propos de ces maudites quatre contributions directes qui ont la faute impardonnable pour les gouvernements de réapparaître toujours au mois de juillet (*Rires*), nous reviendrons et nous vous proposerons un projet d'impôt général et progressif sur le revenu, où nous tiendrons compte, monsieur le président du conseil, de toutes les critiques que vous avez faites. Nous vous donnerons satisfaction sur tous les points de détail qui inquiétaient votre conscience fiscale, et lorsque vous recevrez ainsi de nos mains le projet d'impôt général et progressif remanié à votre usage, peut-être finirons-nous par vous désarmer. (*Applaudissements à l'extrême gauche.*)

Le citoyen Desfarges. — Ils n'en voudront pas davantage.

Le citoyen Jaurès. — Mais il y a eu une troisième occasion que vous avez laissé perdre, et vous avez été d'autant plus coupables que vous vous l'étiez offerte à vous-mêmes. Vous aviez proposé, pour combler le vide laissé par la disparition momentanée de l'impôt général et progressif, l'impôt sur la rente, et vous disiez aux paysans : « Ah ! paysans de France, vous ne serez plus seuls à être frappés lourdement par l'impôt ;

nous sommes des réformateurs, nous allons atteindre le capitaliste, le plus paresseux de tous les capitalistes, qui n'a que la peine de passer aux guichets de la rente. La rente va être enfin imposée par nous. N'est-ce pas assez hardi et en même temps assez sage ?

M. Charles Ferry. — Vous avez voté « contre » le projet.

Le citoyen Jaurès. — Vous me dites, monsieur Charles Ferry, que j'ai voté « contre ». Vous vous trompez, j'ai parlé « pour » et j'ai voté « pour » comme je parlerai encore « pour » et je voterai « pour ». (*Très bien ! très bien ! à l'extrême gauche.*)

M. le président du conseil. — Vous avez parlé « pour » de façon à faire échouer le projet. (*Très bien ! très bien ! au centre.*)

Le citoyen Jaurès. — Monsieur Méline, vous m'attribuez vraiment une bien grande puissance. Si j'étais tenté de perdre la mesure dans la notion de moi-même, savez-vous que j'y serais singulièrement induit par vos paroles ! Vous me dites : Vous avez soutenu le projet de façon à le faire échouer. Eh quoi ! Il a suffi que sur la rive l'opposition socialiste se dressât avec un geste bienveillant pour que la barque gouvernementale s'engloutît d'elle-même ? (*Rires et applaudissements à l'extrême gauche.*)

M. le président du conseil. — Vous avez donné les meilleures raisons pour faire repousser notre projet. (*Très bien ! très bien ! au centre.*)

Le citoyen Jaurès. — Je vous assure que vous exagérez ma malfaisance. Non, ce n'est pas devant notre adhésion que vous avez abandonné ce projet : c'est devant l'opposition d'une fraction considérable de vos amis. Savez-vous pourquoi, monsieur le président du conseil ?

Grands Propriétaires

C'est que vous, qui faites, à cette heure, de quelque nom qu'on veuille l'appeler, une politique... vous dites anti-révolutionnaire, je cherche un mot qui ne vous blesse pas ; je ne voudrais pas dire une politique conservatrice, — cela s'appelle depuis quelque temps une politique progressiste — (*Rires à l'extrême gauche*), vous qui faites une politique pour laquelle vous

avez évidemment besoin de l'adhésion des grands intérêts constitués et conservateurs de ce pays, en particulier des grands
détenteurs de la rente, vous avez été obligé d'abandonner l'impôt sur la rente, parce que, parmi les classes dirigeantes, il n'y
a plus aujourd'hui et il ne peut plus y avoir un parti de la
terre. Il n'y a plus, parmi les classes dirigeantes, un véritable
parti de la terre, un véritable parti des paysans nulle part aujourd'hui dans le monde. Même en Allemagne, où il semble qu'il
y ait un parti de hobereaux et un parti agrarien, dont les exi-
gences paraissent embarrasser souvent la marche gouvernementale, il n'y a plus un véritable parti de la terre. La plupart
des membres du parti agrarien allemand sont des joueurs de
bourse décavés qui n'ont pas pu payer leurs différences, et le
chef actuel du bi-métallisme allemand, celui auprès duquel
quelques-uns des bi-métallistes de France, qui sont internationalistes à leur manière (*Rires à l'extrême gauche*), vont chercher
quelquefois des inspirations et des documents, le chef du bimétallisme allemand, il y a vingt-cinq ans, était inscrit dans
toutes les affaires douteuses qui ont sombré dans le krach de
Berlin. Non, ces prétendus ennemis de la finance se sont jetés,
simplement pour se refaire, dans la politique paysanne comme
des viveurs fatigués qui vont aux champs. (*Applaudissements à
l'extrême gauche. — On rit.*)

En Angleterre, les landlords d'aujourd'hui ne sont plus du
tout les landlords qui existaient il y a un demi-siècle. Les landlords d'aujourd'hui s'unissent par des mariages ou par des par-
ticipations d'affaires, à l'aristocratie d'argent des Etats-Unis. Ils
ne sont plus, par conséquent, aujourd'hui, les chefs et les défen-
seurs de leurs fermiers, ils ont des intérêts d'un autre ordre.
En France même, monsieur le président du conseil, les grands
propriétaires terriens sont beaucoup plus encore par leurs intérêts de véritables capitalistes ; il siègent, plus dans les conseils
d'administration des sociétés industrielles que dans les comices
agricoles...

M. le président du conseil. — Vous prenez l'exception
pour la règle.

Le citoyen Jaurès. ... Ils sont une monnaie à double
effigie : Cybèle d'un côté, Mercure de l'autre ; mais Mercure a
plus de relief. (*Applaudissements à l'extrême gauche. — On rit.*)

Et voilà pourquoi, lorsque vous avez proposé l'impôt sur la

rente, les grands propriétaires terriens se sont réjouis comme terriens, mais ils se sont davantage affligés comme capitalistes. Comme vous avez été témoin de cet état d'âme, vous avez retiré prudemment votre projet d'impôt sur la rente, et il a été recueilli que par nous, parti socialiste, comme ces fils de roi des légendes antiques marqués par la légende et par les devins d'un oracle fatal, qui étaient abandonnés sur le Cythéron et recueillis par des bergers.

S'il n'y a pas aujourd'hui, parmi les classes dirigeantes, de parti de la terre, — et c'est pour cela que vous n'avez pas pu faire aboutir votre impôt sur la rente, — il faut qu'il s'en constitue un, non plus formé alors par ces chefs ambigus de la grande propriété terrienne qui sont toujours prêts à déserter la cause du paysan et qui ont dans le camp de la finance des intérêts supérieurs à ceux de la démocratie rurale (*Applaudissements à l'extrême gauche*) ; mais un véritable parti de la terre, formé des paysans qui la travaillent, unis avec les ouvriers. Voilà le vrai parti du travail paysan, uni au parti du travail ouvrier, qui vous obligera à faire des réformes et qui vous demande en tout cas, à cette heure : Sous quelle forme faut-il que les paysans vous proposent des réformes d'impôts pour que vous les adoptiez ?

Les socialistes et les conservateurs vous proposent l'emploi des 60 millions : rejeté ; les radicaux vous proposent l'impôt général et progressif sur le revenu : rejeté ; enfin, M. le président du conseil lui-même, M. Méline, vous propose l'impôt sur la rente : vous le rejetez ! (*Applaudissements à l'extrême gauche et sur plusieurs bancs à gauche.*) Sous quelle forme faudra-t-il que la réforme fiscale vous soit proposée par les paysans, pour que vous en fassiez état ?

FAILLITE BOURGEOISE

Le citoyen Jaurès. — Je demande pardon à la Chambre de lui infliger, par cette température écrasante, une longue discussion. Notre interpellation avait été déposée en décembre, et si nous pouvions établir une moyenne entre la température de l'époque où elle fut déposée et celle que nous subissons au moment où elle se discute, tout le monde, je crois, s'en réjouirait.

Un membre. Ce serait la véritable péréquation.

Le citoyen Jaurès. — S'il n'a rien été fait jusqu'ici, comme j'ai tenté de le démontrer, pour les ouvriers qui constituent à proprement parler le prolétariat agricole et si toutes les réformes d'impôt attendues par la démocratie des petits propriétaires ruraux ont été jusqu'ici ajournées, il y a une question où, je le reconnais très sérieusement, M. le président du conseil, depuis de très longues années, et avant même d'arriver au pouvoir, a agi ou tenté d'agir : c'est dans la lutte contre la concurrence des produits agricoles étrangers.

On peut, messieurs, juger diversement la politique douanière. Ce que nul ne méconnaîtra, c'est que, en la proposant à une époque déjà lointaine, en la soutenant depuis avec constance, l'honorable M. Méline a agi avec décision et persévérance, et c'est là, à coup sûr, l'origine de cette autorité et de cette popularité qu'il avait acquise dans le monde agricole et qui est, je crois, en décroissance (*Dénégations au centre et à droite*) parce que les déceptions sont venues, mais qui lui permettent encore, à l'heure présente, avec plus d'autorité et de force que tout autre homme de gouvernement, de défendre la politique de conservation et, dans une certaine mesure, la politique de résistance qu'il défend.

Et nous, messieurs, — je parle du parti socialiste, — ce n'est pas par de vaines attaques obliques que nous essaierons de le combattre ; c'est en mettant au service d'une politique agricole plus hardie, à notre sens, et aussi plus féconde. plus démocratique, toute notre persévérance et toute notre énergie.

8

Du principe même du protectionnisme, je n'ai pas à discuter en ce moment. Les socialistes ne sont pas protectionnistes comme M. Méline, mais ils ne sont pas davantage libre-échangistes comme M. Léon Say ou comme M. Aynard.

M. Camille Pelletan. — Très bien !

Socialisme et Protectionnisme

Le citoyen Jaurès. — Le socialisme, c'est-à-dire l'organisation sociale de la production et de l'échange exclut, à la fois, et la protection qui ne peut guère profiter aujourd'hui qu'à la minorité des grands possédants, et le libre-échange, qui est la forme internationale de l'anarchie économique.

Il est certain, messieurs, que l'organisation socialiste ne tolère pas le libre échange tel que l'entendent les économistes ; il est certain que l'humanité ne progresse pas d'un mouvement uniforme ; tous les peuples, toutes les races n'arrivent pas à la fois à ce développement économique qui permet l'institution socialiste. Et ainsi, lorsqu'un peuple réalisera chez lui l'idée socialiste, il sera forcément en contact avec des peuples qui ne l'auront pas réalisée ; il ne pourra dès lors laisser pénétrer chez lui, sans contrôle, sans direction, ou les produits extérieurs ou la main-d'œuvre extérieure qui viendraient bouleverser l'économie intérieure du régime socialiste.

A coup sûr, une nation socialiste conservera des points de contact multiples et toujours accrus avec le dehors, mais elle ne fera appel aux produits du dehors ou à la main-d'œuvre étrangère qu'après avoir d'abord porté au maximum son activité intérieure, et elle n'appellera les éléments et les produits étrangers que dans la mesure où ils pourront concourir à son propre développement. (*Très bien ! très bien à l'extrême gauche.*)

Historiquement, c'est chose curieuse de remarquer qu'en fait, si le libre échange a paru venir d'Angleterre, ce n'est pas des classes ouvrières anglaises qu'il est venu.. Au contraire, lorsque les industriels anglais, pour combattre la puissance politique et économique de la grande propriété anglaise, ont proposé le libre échange, ce sont les ouvriers anglais, les plus démocrates et les plus socialistes, qui ont dit, peut-être à tort, qu'il n'y avait là qu'une manœuvre patronale, que les grands industriels profiteraient du libre échange et de l'abaissement du prix des produits agricoles pour diminuer les salaires industriels, et que, lorsqu'ils auraient tué la production agricole et ainsi précipité vers l'industrie toute la main d'œuvre anglaise, ils profiteraient de cette surabondance de la main-d'œuvre industrielle pour abaisser les salaires.

Vous connaissez ce grand mouvement des classes ouvrières anglaises qui s'est appelé le mouvement chartiste. Chose curieuse, les chartistes développaient leur mouvement au cri de: « A bas le libre échange ». Ce n'est donc pas dans les classes ouvrières anglaises qu'il a pris naissance, et je me borne à dire que ni historiquement, ni doctrinalement le socialisme n'est lié soit à la protection, soit au libre échange.

C'est l'idée que Marx expliquait dans une très célèbre conférence de Bruxelles où il rappelait la conception des ouvriers chartistes anglais, et où il disait que, si le socialisme adhérait au libre échange, bien qu'il constitue à certains égards une diversion à la question sociale, ce n'est pas qu'il en espère l'amélioration du sort des travailleurs ; c'est parce que le libre échange, en intensifiant la concurrence universelle, en aggravant la lutte économique, accélère la transformation économique et est un agent révolutionnaire. Et je me demande si le protectionnisme, en suscitant chez des peuples multiples, à l'abri même des tarifs, des industries nouvelles, n'a pas été à sa façon révolutionnaire, au sens où l'entendait Marx.

Mais il importe peu. Je le répète, nous ne sommes pas tenus à instituer ici, sur ce point, une discussion doctrinale. J'ai donc le droit de me borner à chercher avec vous très brièvement, en dehors de toute discussion de principe, quels ont été les résultats de la politique protectionniste suivie depuis plusieurs années, avec le concours persévérant de l'honorable M. Méline, par les majorités des assemblées successives.

Les Tarifs de Douane

Eh bien ! je ne crois pas exagérer en disant que cette politique n'a répondu, ni pour ses soutiens ni pour les paysans, aux espérances qu'elle avait fait naître. Malgré vos tarifs de douanes, et quoi qu'il se soit produit sur quelques points, il y a deux ans sur le bétail, aujourd'hui sur le blé, des relèvements passagers de prix, malgré les tarifs douaniers, vous n'avez pu arrêter la baisse générale et normale des prix des produits agricoles.

Sur les céréales, sur le bétail, sur les vins, sur les chanvres, sur le bois, sur les cocons, sur les olives, sur les fruits, sur tous les produits de la terre de France, il s'est fait dans l'ensemble, depuis une vingtaine d'années, une baisse de prix d'environ un tiers, et elle s'est produite avec une telle étendue, avec une telle régularité qu'elle apparaît comme une sorte de loi naturelle, de phénomène naturel irrésistible contre lequel vos lois douanières ne peuvent presque rien.

En fait, c'est au lendemain des élévations de droits sur les vins étrangers que s'est produite la mévente la plus aiguë des vins de France, et cela est si vrai que vous êtes obligés en ce moment de solliciter des Assemblées des réglementations intérieures, des prohibitions nouvelles, des lois contre les raisins secs, contre les vins de sucre, contre tous les vins artificiels.

De même, dans la discussion soulevée par notre ami Desfarges et en répondant à la question posée par notre collègue M. Lavertujon sur l'avilissement des prix des porcs, l'honorable M. Méline lui-même a reconnu que ce n'était pas l'excès de l'importation étrangère qui avait déterminé cette baisse de prix.

Pour les blés, messieurs, j'ai suivi avec attention — et vous avez dû suivre à coup sûr aussi — la marche des diverses mercuriales européennes depuis dix ans, depuis quatre ans surtout, depuis que vous avez voté le droit de 7 fr. Eh bien ! jusqu'aux premiers jours du mois de mai dernier, vous avez pu constater par les mercuriales que, tandis que votre droit de douane contre les blés étrangers était de 7 fr., l'écart entre le prix du blé sur les marchés de France et le prix du même blé sur les marchés de Londres et d'Anvers qu'aucun droit de douane ne protège, n'était guère que de 3 fr. Le droit de 7 fr. ne jouait donc qu'à proportion de trois septièmes, et il a fallu l'annonce d'une récolte insuffisante aux Etats-Unis, la crainte d'une récolte médiocre en France, pour que, pour la première fois depuis que vous l'avez voté, le droit de 7 fr. ait commencé à jouer. Il ne joue, en effet, que depuis quelques semaines, et vous me permettrez bien de vous le dire, puisque nous sommes en juin, c'est-à-dire bientôt à onze ou douze mois de la récolte dernière, le relèvement du prix du blé ne se produit, sous l'action de nos tarifs ou des circonstances climatériques, qu'au moment même où tous les paysans, tous les cultivateurs obérés et pauvres se sont certainement dessaisis de tout leur blé.

Permettez-moi de vous exprimer ici une inquiétude que je ne crois pas vaine. Oui, en ce moment le prix du blé se relève. Mais prenez garde ! S'il y a des spéculateurs intéressés à abaisser un moment votre droit de douane de 7 fr., il leur serait facile de profiter de l'annonce d'une récolte insuffisante aux Etats-Unis, de l'annonce peut-être inexacte d'une récolte insuffisante en France, pour déterminer un moment une hausse factice, exagérée et inquiétante.

Je le sais, M. Renault-Morlière, nous n'y pouvons rien.

M. Renault-Morlière. — Je ne vous ai pas interrompu.

Le citoyen Jaurès. — Mais j'ai le droit d'exprimer cette inquiétude après les paroles que prononçait l'autre jour l'honorable M. Balsan. Il a constaté que la spéculation disposait, — et ce ne sont pas de vaines paroles ; M. Balsan a cité des chiffres et des faits, — il a constaté que la spéculation disposait en France de tant de moyens d'action, et de moyens d'une telle puissance qu'elle avait pu, en l'espace de quelques semaines, majorer artificiellement de plus d'un tiers, ce qui est énorme, le prix des laines ; et l'honorable M. Georges Graux, qui n'a pas perdu, à coup sûr, le souvenir de la question sucrière, se rappelle très bien qu'il y a eu un moment, aux mois de juillet ou au mois d'août de l'année dernière, où sans aucune cause économique sérieuse, la spéculation a pu faire varier dans des proportions formidables le prix du sucre.

Si elle dispose à ce point du prix de la laine et du prix du sucre, comment ne pourrait-elle pas aussi disposer du prix du blé ? Et si elle a intérêt à un moment, pour suspendre ou pour abaisser le droit de 7 fr., à provoquer une hausse factice, une sorte de panique de famine contre laquelle aucune Assemblée ne pourra rien, elle en sera la maîtresse, et votre protection douanière pourra être enlevée par un mouvement irrésistible d'opinion, juste au moment où, pour la première fois, elle deviendrait efficace et produirait son plein effet.

Voilà les résultats, voilà les faits. Je ne crois pas qu'on puisse dire que je les exagère dans un intérêt de parti ou dans un parti pris d'école. En vérité, comment pourrait-il en être autrement, lorsque tous les peuples et toutes les races, tous les continents et toutes les îles se mettent à surexciter leur production, et lorsque cette production universelle, grâce à des moyens de transports peu onéreux, est toujours mobilisable, toujours disponible, toujours présente, si l'on peut dire, en tous les points du marché universel ? Comment pouvez-vous penser qu'il suffirait de quelques droits douaniers pour soustraire les produits agricoles de France à la dépression produite par la concurrence universelle ?

Concurrence universelle

Mais hors de nous comme chez nous l'humanité veut vivre, elle veut produire, elle veut échanger. Les communautés agricoles de l'Inde, de la Russie sont obligées, pour faire face aux impôts écrasants, de vendre leur blé même à des prix moins rémunérateurs. De même les fermiers du Far-West pour payer leurs fermages majorés par la hausse de l'or, sont obligés, même malgré vos droits de douane, même à perte, pour ainsi dire, de se défaire de leur blé.

Il est donc bien inutile de penser que vous pourrez, par des tarifs de douane, arrêter la poussée des produits étrangers qui ont besoin à tout prix de trouver un marché. De plus, il se produit, par contre-coup, un singulier phénomène : vous croyez écarter les produits du dehors et vous n'aboutissez bien souvent qu'à surexciter précisément dans les autres pays la production qui vous inquiète.

C'est ce qui arrive pour la Russie méridionale. Vous essayez d'arrêter les blés qui viennent de la Russie méridionale ; les cultivateurs de ces plaines se mettent aussitôt à essayer de produire la vigne, et il y a là-bas, par l'effet indirect mais certain de nos droits sur les blés, un commencement de concurrence nouvelle à nos vignobles de France.

Qu'avons-nous fait lorsque nous avons voté non plus seulement des droits sur les sucres étrangers, mais des primes d'exportation pour les nôtres ? Les cultivateurs américains, gênés pour l'exportation de leurs blés par nos droits de douane, se sont dit qu'après tout ils pourraient en Amérique cultiver la betterave comme dans les plaines du Nord et du Pas-de-Calais, et il y a en ce moment un commencement d'industrie sucrière qui se développe en Amérique, qui vient d'obtenir par le tarif Dingley une protection nouvelle et qui va certainement, par la concurrence à notre propre industrie sucrière, faire baisser en France le prix de la betterave beaucoup plus que vos droits de douane sur le blé n'ont fait hausser le prix du blé. (*Très bien ! très bien ! à l'extrême gauche.*)

Il était question ces jours-ci de l'annexion par les Etats-Unis des îles Hawaï, mais c'est une conséquence de nos droits sur les sucres. Il n'y a jamais eu d'époque aussi intéressante que la nôtre, aussi curieuse à observer par la répercussion imprévue des phénomènes économiques d'un bout à l'autre de notre planète. Le monde aujourd'hui est comme un vaste clavier avec des résonnances lointaines et imprévues. Oui ! si en ce moment les Etats-Unis annexent les îles Hawaï. c'est vous qui l'avez voulu, c'est vous qui l'avez rendu nécessaire ; c'est parce que les grands fabricants, les producteurs de sucre des Etats-Unis ont de grands intérêts, de grandes plantations de cannes à sucre dans les îles Hawaï, et c'est parce qu'ils ont voulu faire profiter cette production insulaire du sucre des nouveaux tarifs qu'ils demandent pour la protection de leur industrie sucrière, que les Etats-Unis, jusqu'ici puissance continentale, se décident en ce moment à annexer des îles.

Et il se trouve en même temps, messieurs, que les pays d'Europe, en élevant partout des barrières de tarifs, ont resserré les liens économiques de l'Angleterre et de ses colonies ; celles-ci ne trouvent plus, en effet, un marché libre qu'en Angleterre et déjà, en retour, le Canada vient de voter au profit des marchandises anglaises des tarifs différentiels. Voilà que la protection fait le jeu de cet impérialisme anglais, qui sera bientôt une force économique énorme.

Vous le voyez, nous n'aboutissons, en refoulant sur un point la concurrence et l'assaut de l'étranger, qu'à multiplier cette concurrence et cet assaut sur tous les points. Et, en vérité, avec tous ces rejaillissements, tous ces tourbillons, tous ces remous de la production universelle, il serait assez enfantin de s'imaginer qu'on se mettra à l'abri en mettant simplement une planche dans l'eau. C'est là à peu près le rôle de vos tarifs de douane.

M. Gabriel Dufaure. — Très bien ! très bien !

Consommation populaire

Le citoyen Jaurès. — Ils ont un autre péril et cependant je tiens à le répéter à la Chambre, j'en ai voté plusieurs. Je ne parle pas ici en libre-échangiste. J'ai dit tout à l'heure que le socialisme était aussi éloigné du pôle de la protection que du pôle du libre-échange. Pour ma part, j'ai cédé plus d'une fois à l'attraction du pôle de la protection. Je n'apporte donc, en ces questions, aucun esprit de parti. Mais il faut constater les faits. Eh bien ! une troisième conséquence de votre politique douanière est que vous surexcitez momentanément la production intérieure de notre pays sans développer dans la même proportion la puissance intérieure de consommation.

Le citoyen Déjante. — C'est cela !

Le citoyen Jaurès. — Cela est incontestable. Pourquoi, — et la question a été portée à cette tribune, — pourquoi s'est-il produit une mévente exceptionnelle et désastreuse des porcs il y a deux ans? Il y en a deux raisons : la première, c'est que, précisément à l'abri momentané de vos droits de douane, la production des porcs s'est développée surabondamment, et il y a une autre raison que j'ai trouvée dans les études agricoles très remarquables et très documentées de notre collègue M. de Saint-Quentin, — nous voyons encore ici la répercussion de tous les phénomènes et de toutes les lois, — c'est que l'industrie beurrière, protégée, elle aussi, a maintenant des procédés qui laissent disponible une quantité beaucoup plus considérable de petit lait...

M. Plissonnier. — C'est très exact.

Le citoyen Jaurès... et que cette industrie, pour utiliser ce petit lait, a dû s'annexer un très grand nombre de porcheries.

M. Gabriel Dufaure. — Vous avez tout à fait raison.

Le citoyen Jaurès. — Je tâche de n'apporter que des affirmations vérifiées.

Pour les vignobles, vous avez protégé par vos droits de douane — et vous avez bien fait, à mon sens — la reconstitution du vignoble méridional; mais déjà, quoique annuellement les surfaces arrachées l'emportent encore sur les surfaces replantées, déjà il y a un tel essor de la production, sans qu'il y ait, je le ré-

pète, une croissance égale de la consommation, que vous êtes
menacés d'une chute, d'un effondrement des prix du vin.

Et laissez-le moi dire, ça été une grande faute commise contre
les viticulteurs, au moment même où, par des droits de douane,
vous développiez la production, de ne pas assurer à cette production nationale croissante, par la suppression totale des droits
sur les boissons, les débouchés sans lesquels vos droits de
douane allaient se tourner pour ainsi dire contre les viticulteurs
eux-mêmes. (*Applaudissements à l'extrême gauche et sur divers
bancs à gauche.*)

M. le comte du Périer de Larsan. — Il fallait d'abord
réprimer la fraude ! (*Bruit à l'extrême gauche.*)

Le citoyen Dejeante. — Ceci est à côté de la question !

Le citoyen Jaurès. — Je ne dis pas qu'il n'y ait pas lieu à
réprimer la fraude, mais si dans le sujet très vaste et très complexe que j'ai à traiter devant la Chambre je ne puis parler des
questions d'impôt sans être obligé de m'expliquer en même
temps sur les questions de fraude, nous allons vraiment mêler un
peu trop les questions. Je regrettais et je regrette que non seulement
ce dégrèvement total des droits sur les boissons n'ait pas été fait
alors, mais qu'on paraisse hésiter à le réaliser encore aujourd'hui.

M. le comte du Périer de Larsan. — Nous le regret-
tons avec vous.

Le citoyen Jaurès. — Je suis très heureux, monsieur du
Périer de Larsan, de la vivacité de vos regrets.

M. le comte du Périer de Larsan. — Il n'y a pas
de vivacité.

Le citoyen Jaurès. — Je suis très heureux que vous
regrettiez avec moi l'insuffisance du projet sénatorial et du projet gouvernemental ; j'espère que nous retrouverons l'expression
de ces regrets à la colonne du scrutin. (*Rires et applaudissements
à l'extrême gauche.*)

M. le comte du Périer de Larsan. — Parfaitement !
Quand nous discuterons la loi sur les boissons.

Le citoyen Jaurès. — Je constate qu'en ce moment
même ce n'est qu'une diminution assez faible des droits sur les
boissons qui va être soumise à vos délibérations, et je constate
que le Sénat, au lieu de voter la suppression obligatoire et totale
des octrois en ce qui concerne les boissons hygiéniques, n'a
proposé que la suppression partielle ; et quel que soit notre désir

d'aboutir à des résultats palpables, même incomplets, je crains très sérieusement que ces dégrèvements réduits, partiels, ne profitent qu'aux intermédiaires, (*Très bien ! très bien ! sur divers bancs*) et que vous ayez consenti un sacrifice inefficace, parce qu'il aura été insuffisant. (*Très bien ! très bien !*)

Et permettez-moi de vous le dire, monsieur le président du conseil, là est la contradiction essentielle de votre politique protectionniste. Pendant que par des tarifs de douane vous favorisez les producteurs, c'est-à-dire, dans une large mesure, les possédants, vous n'avez pas la force, vous n'avez pas le courage, vous n'avez peut-être pas la possibilité politique et sociale de demander aux classes possédantes, aux classes les plus riches, les sacrifices d'impôts qui seraient nécessaires, précisément pour accroître la consommation populaire dans la mesure où se développe la production nationale. (*Applaudissements à l'extrême gauche.*)

Et ce n'est pas seulement — vous voyez que je ne cherche point une querelle personnelle — le vice essentiel, la contradiction essentielle de votre protectionnisme, c'est celle de toute politique protectionniste dans la société actuelle. Aujourd'hui, le capital, le grand capital, prélève sur la classe ouvrière une large part du produit du travail ; il réduit, je ne dis pas au plus bas, — je ne prétends pas que la loi d'airain soit d'une rigueur inflexible, — mais il réduit à un niveau très bas la puissance de consommation de la classe ouvrière.

Là est le défaut d'équilibre, la contradiction essentielle de l'ordre social d'aujourd'hui ; quand vous surexcitez la production, vous permettez en même temps à l'institution capitaliste de paralyser les facultés de consommation de la classe ouvrière. (*Nouveaux applaudissements sur les mêmes bancs.*)

C'est tellement vrai, que vous êtes obligés, en ce moment, de détourner par des lois, c'est-à-dire par des moyens artificiels, la classe ouvrière de la consommation des vins de raisins secs. Vous imaginez-vous, par hasard, que c'est par goût que la classe ouvrière va aux vins médiocres de raisins secs ? Elle y va par force, par nécessité ; elle va vers les produits de misère, parce qu'elle est elle-même une classe de misère. (*Applaudissements sur les mêmes bancs.*)

Le seul moyen de faire cesser cette paralysie de la consommation qui atteint la production agricole elle-même, ce sera de restituer aux salariés industriels la totalité du produit de leur travail. Alors il y aura un large débouché de consommation pour les produits agricoles, et vous n'aurez pas besoin de recourir à la prohibition artificielle des vins de raisins secs et des vins de sucre.

Le citoyen Edouard Vaillant. — Très bien ! très bien !

Le citoyen Jaurès. — Messieurs, c'est là ce que le socialisme fera... (*Interruptions au centre. — Très bien ! très bien ! à l'extrême gauche.*)

Le citoyen Dejante. — Certainement ! ce ne sont pas les bourgeois qui le feront.

Le citoyen Jaurès... et ce que seul il peut faire ; seul il peut assurer une large consommation aux produits paysans en portant au maximum la puissance de consommation de la classe ouvrière. (*Applaudissements à l'extrême gauche.*)

Le Bimétallisme

Messieurs, vous sentez vous-même si bien l'insuffisance, l'échec au moins relatif de votre politique douanière, que M. le président du conseil éprouve le besoin de passer à une autre expérience. On sent que les paysans sont quelque peu désabusés des résultats du régime protectionniste, et on leur dit : Mais il y a un autre remède, et nous y pensons, et nous le préparons, c'est le bimétallisme. Et récemment encore, dans le congrès du bimétallisme, M. le président du conseil disait, — ce sont, je crois, ses paroles textuelles, — qu'à ses yeux, « plus que jamais, là était le moyen de salut ».

M. Jules Méline, *président du conseil, ministre de l'agriculture.* — Un des moyens de salut !

Le citoyen Jaurès. — Sans doute ; mais comme de celui-là vous n'avez pas essayé encore, et comme l'expérience n'a pas pu encore, comme pour les autres, en démontrer l'inefficacité, c'est de celui-là que vous allez essayer, dans vos plans de politique prochaine, de tirer le plus de parti. Et voilà pourquoi il est parfaitement légitime de poser d'avance le problème.

Eh bien ! sauverez-vous ainsi les paysans ? Vous avez dit, les bimétallistes disent que les pays d'Asie, comme le Japon, qui ont une monnaie d'argent dépréciée quant au métal, mais ayant gardé chez eux sa valeur légale et sa valeur d'usage, vous dites que ces pays-là sont privilégiés pour leurs exportations en Europe. Il paraît — et je l'accorde dans une certaine mesure — que lorsque le producteur japonais porte sa marchandise en Europe, en touche le prix en or et au moyen de cet or peut se procurer une quantité considérable de monnaie argent qui, elle, au Japon, a gardé sa puissance d'achat, il paraît que ce producteur japonais, par la différence de valeur entre les deux métaux, touche une véritable prime d'exportation qui lui permet d'abaisser le prix de ses produits sur les marchés européens. Je ne le conteste pas entièrement. Je ne sais pas, à vrai dire, tant est complexe le problème monétaire, si jamais la réalité des faits a répondu complètement à une esquisse aussi sommaire. Il n'y a guère que l'honorable M. Fougeirol qui parle avec une assurance tout à fait intrépide des questions japonaises. (*Sourires.*)

M. Gabriel Dufaure. — Il n'est plus là pour se défendre.

Le citoyen Jaurès. — C'est pourquoi je ne l'attaque pas.

Mais, pour moi, je suis un peu inquiet lorsque je vois que des hommes aussi compétents que nos bimétallistes ont été surpris, déconcertés, par ce brusque passage du Japon à l'étalon d'or.

M. le président du conseil, *ministre de l'agriculture.* — Vous vous trompez : il est passé au bimétallisme.

Le citoyen Jaurès. — Puisque vous le voulez, nous examinerons cette question, car je vois très bien votre moyen de défense.

Précisons le problème.

Je n'imagine pas que vous prétendiez que la variation des valeurs monétaires soit la cause principale de la dépression universelle des produits agricoles. Par conséquent, ce serait de votre part, entretenir chez les paysans une illusion fâcheuse que d'attacher pour eux quelque espérance de salut à la solution du problème monétaire.

De plus, vous n'êtes pas de cette école de bimétallistes qui déclarent que c'est un problème national ; qu'il faut que la France, sans se préoccuper du régime monétaire des autres pays, institue chez elle la libre frappe de l'argent. Il y a des bimétallistes nationaux qui considèrent votre bimétallisme international comme une défaite, comme une sorte de trahison. Vous n'êtes point de ceux-là ! Par conséquent, c'est avec le concours de toutes les grandes puissances productrices et commerçantes du globe que vous entendez réaliser un accord monétaire qui serait le salut pour les paysans.

Nous avons vu à l'œuvre — je n'en dis point de mal, mais vous en avez vu les difficultés — un semblant de concert européen. Or, ce n'est plus maintenant du concert européen que nos paysans de France devront attendre leur salut dans la question monétaire, c'est du concert monétaire de l'Europe, de l'Amérique et de l'Asie.

Mais pendant que vous songiez à ce remède nouveau, voici que les faits que vous aviez allégués vous échappaient.

Oui, le Japon que vous invoquiez comme exemple décisif, pendant que vous argumentiez et sans se soucier de votre dialectique, est passé à l'étalon d'or.

Vous me dites : au bimétallisme. C'est une erreur complète. Je vous prie de vous reporter aux documents, monsieur le président du conseil. La chose est facile, puisque le rapport complet de la commission monétaire japonaise a été publié, non pas dans les revues de France, qui ignorent encore trop ces sortes de problèmes, mais dans les grandes revues américaines. Vous y pourrez lire, sans contestation aucune, sans équivoque aucune, que le Japon a établi la monnaie d'or comme étalon unique ; qu'il ne conserve la monnaie d'argent que comme appoint, et qu'il a institué entre cette monnaie d'or, étalon unique, et cette monnaie d'argent monnaie d'appoint, non plus le rapport actuel et fictif de 1 à 15, mais le rapport de 1 à 30 ou 31.

M. le président du conseil. — Eh bien, c'est là le bimétallisme. Le bimétallisme, c'est l'établissement d'un rapport entre la monnaie d'or et la monnaie d'argent.

Le citoyen Jaurès. — Oui, et j'ai lu, sous la plume ingénieuse de vos amis, que par là précisément, le Japon voulait consolider pour lui les bénéfices de sa situation monétaire actuelle.

Mais raisonnons un peu, si vous le voulez bien, monsieur le président du conseil.

Cet exportateur japonais qui était devenu, dans la dialectique de M. Fougeirol, un fantôme terrible ne peut profiter, dans ses marchés avec l'Europe, de la prime de l'or qu'à condition qu'au Japon même la valeur légale et la valeur d'usage de l'argent n'aient pas diminué. (*Très bien ! très bien ! sur plusieurs bancs.*) Mais si, au Japon, la valeur d'usage et la valeur légale de l'argent ont été abaissées au niveau précisément où elles sont en Europe, l'exportateur japonais ne peut plus bénéficier de la différence. (*Applaudissements à l'extrême gauche.*)

M. le président du conseil. — Il ne serait pas difficile de vous expliquer votre erreur.

Le citoyen Jaurès. — Tout se plaide. (*Interruptions sur divers bancs.*)

Messieurs, si avant de me rendre sa bienveillante attention la Chambre attend d'avoir résolu toutes les difficultés du problème monétaire, nous pourrons encore ajourner l'interpellation. (*Parlez ! Parlez !*)

Tout se plaide, et nous savons en particulier que M. le président du conseil plaide très facilement et très volontiers ; il n'est jamais à court d'arguments. Mais permettez-moi de vous dire que vous auriez donné beaucoup, vous, les théoriciens bimétallistes, que vous auriez donné toute la différence entre la valeur légale et la valeur réelle de l'argent, pour que le Japon ne passât pas à l'étalon d'or juste au moment où vous le déclariez rivé à la monnaie d'argent.

Mais ce ne fut pas la seule défection. Il y en a eu une autre qui a dû vous être beaucoup plus cruelle : c'est celle de la Russie. La Russie aussi, comme toutes les autres puissances asiatiques ou demi-asiatiques, comme le Japon, comme l'Inde qui a supprimé chez elle la libre frappe de l'argent, la Russie vient de passer en fait à l'étalon d'or. Et pourquoi ? La raison en est décisive : elle avait une large circulation de rouble-papier qui avait subi une dépréciation très grande ; et la Russie, pour laquelle cette dépréciation du rouble-papier constitue une sorte de faillite intérieure, a voulu régulariser et consolider la valeur de son rouble-papier. Elle ne pouvait pas consolider la valeur de son rouble-papier par rapport à une monnaie d'argent qui elle-même est tout à fait incertaine, variable et précaire. C'eût été asseoir un édifice que l'on veut raffermir sur une base chancelante. Elle a donc été obligée de constituer la valeur de son rouble-papier par rapport à une valeur fixé, c'est-à-dire par rapport à la valeur de l'or.

Et voilà pourquoi la monnaie d'or est devenue aujourd'hui en Russie, par une invincible nécessité, la monnaie fondamentale.

Et les bimétallistes de France ont si bien senti le rude coup qui leur était porté par le passage de la Russie, après le Japon, à l'étalon d'or, que le chef des bimétallistes français, l'honorable M. Théry, malgré le prestige de l'alliance franco-russe, a immédiatement entrepris dans les grands journaux parisiens, une campagne des plus redoutables contre les finances russes. Les bimétallistes français ne se sont aperçu des périls, des ébranlements du crédit et des finances russes que lorsque la Russie, en passant à l'étalon d'or, a contrarié leur thèse et leurs intérêts.

Ainsi, les faits même sur lesquels vous vous étiez appuyés se dérobent à vous. Et bien loin que vous puissiez ramener le système monétaire de tous les grands pays de l'Amérique et de l'Europe au type des pays asiatiques, ce sont les pays asiatiques, qui, par une véritable révolution monétaire, sont en train d'accéder à l'étalon d'or, au type monétaire des grandes puissances productrices de l'Amérique et de l'Europe.

C'est l'Inde qui s'est fatiguée de convertir en or une monnaie d'argent dépréciée, pour payer les impôts à l'Angleterre et pour faire le service des emprunts. C'est la Russie qui, je le répète, a essayé de consolider la faillite de son papier sur la base solide de l'or, et c'est le Japon, qui, voulant féconder sa victoire récente sur la Chine et développer au maximum son outillage militaire et industriel, ayant besoin, pour cela, de contracter des emprunts sur tous les grands marchés capitalistes du monde et sachant qu'il serait obligé de faire, avec de la monnaie d'or, le service de ses grands emprunts à l'étranger, c'est le Japon qui est passé, à son tour, à l'étalon d'or.

Par conséquent, votre thèse est ruinée d'avance ; votre bimétallisme que vous voulez lancer maintenant, comme un fringant cheval de bataille, pour remplacer le protectionnisme quelque peu fatigué, est tombé sur ses jarrets avant le commencement de la course ! (Rires et applaudissements à l'extrême gauche.)

Et quand bien même il serait en effet utile au producteur agricole français d'instituer le bimétallisme ; quand il serait utile de passer des contes bleus du protectionnisme aux contes blanc et or du bimétallisme, vous en particulier, monsieur le président du conseil, avec la politique que vous faites, vous ne le pourriez pas.

De même, comme je le rappelais l'autre jour, qu'après avoir

déposé l'impôt sur la rente, vous avez été obligé de retirer ensuite devant certaines oppositions, vous seriez obligé devant les mêmes oppositions, de retirer votre bimétallisme si vous vous risquiez à en faire une réalité. La raison en est bien simple : vous auriez contre vous tous les créanciers du monde qui veulent, pour les sommes prêtées par eux, être payés en or. Il est vrai que vous auriez avec vous peut-être les débiteurs ; mais je ne sache pas que dans cette lutte sociale qui s'établirait à propos de la question monétaire entre les débiteurs et les créanciers, vous soyez prêt à prendre parti contre les créanciers pour les débiteurs.

La vérité, c'est que sous l'agitation du bimétallisme, sous le problème monétaire, se cache cette vieille lutte des créanciers et des débiteurs qui avait fait le fond des luttes sociales dans la cité antique. C'est une forme très surannée à notre sens de la lutte sociale, et ce n'est pas entre les débiteurs et les créanciers qui peuvent appartenir tous, à des titres divers, à la même classe privilégiée — car, n'est pas débiteur qui veut dans la société d'aujourd'hui (*Applaudissements à l'extrême gauche*), — ce n'est pas entre les débiteurs et les créanciers qu'est la lutte socialiste, c'est entre l'ensemble des possédants, créanciers ou débiteurs, et l'ensemble des non-possédants. Mais dans tous les cas, si rétrograde, si surannée que fût cette révolution monétaire, elle inquiéterait quelques grands intérêts, qui ne vous permettent pas de les inquiéter.

Et la preuve que je n'apporte pas ici une hypothèse de parti, c'est que dans la dernière élection présidentielle aux Etats-Unis il y avait d'un côté le candidat de l'or, de l'autre le candidat du bimétallisme, et il semble que vous auriez dû, vous, redouter le candidat de l'or, que c'était l'honorable M. Mac-Kinley, l'homme des tarifs à outrance contre l'importation européenne ; il semble que vous auriez dû tenir pour le candidat de l'argent, pour M. Bryan, puisque le triomphe du bétallisme dans la grande République américaine eût été à coup sûr le présage de triomphes plus vastes dans le monde entier.

Mais quoi, derrière l'honorable M. Bryan, il y avait les fermiers de l'Ouest qui protestaient contre les grands banquiers, contre les grands capitalistes de l'Est ; derrière lui il y avait tout ce parti populiste de la petite démocratie rurale, qui réclamalt la nationalisation des chemins de fer, l'impôt progressif sur les revenus.

Tous les grands créanciers du monde, tous les grands banquiers, tous les grands capitalistes, dans tous les pays du globe, ont pris parti pour le candidat de l'or ; tous les journaux, le vôtre, les journaux de votre parti, tous ceux qui vous soutiennent ont également pris parti pour lui, et la défaite du candidat de l'argent a été saluée par un mouvement de hausse en bourse.

J'ai bien le droit de dire que, même si vous vouliez sérieusement essayer du bimétallisme, vous ne le pourriez pas, parce qu'il a la signification incomplète, maladroite, je le veux bien, mais il a la signification d'une sorte de lutte et de révolte contre de grands intérêts dont vous êtes condamné, quoi que vous fassiez, à rester le serviteur. (*Très bien ! très bien ! à l'extrême gauche.*)

Donc, pas plus que le protectionnisme n'a produit les effets décisifs que les paysans entraînés par vous, en avaient espéré, le bimétallisme ne saurait produire pour eux d'effets meilleurs ; et, en tous cas, je le répète, il est mort avant de naître. Donc, jusqu'ici les paysans restent livrés à toutes les brutalités, à tous les hasards de la concurrence universelle, et les souffrances qu'ils subissent depuis quinze ans ne sont pas près, dans votre conception, dans votre politique, d'avoir un terme.

La Souffrance paysanne

Oh ! messsieurs, je ne prétends pas, car je crois que rien ne se perd dans l'histoire des hommes, je ne prétends pas que ces longues années de souffrance aient été, pour les paysans de France, des souffrances perdues. Oui, il est bon, je ne crains pas de le dire à cette tribune, il est bon que pendant des années, sur leurs champs étroits, les paysans aient pâti par l'effet de phénomènes économiques lointains et vastes ; trop longtemps le paysan s'était enfermé dans un individualisme étroit et aveugle ; il connaissait son petit domaine, il l'aimait d'un amour farouche, mais plus rien au-delà. Et que lui importait l'univers ! C'est en vain qu'au-dessus de sa propriété bornée et jalouse, les forces naturelles se mouvaient dans la grande communauté de l'espace ; c'est à sa terre à lui, rien qu'à sa terre, que le paysan rapportait la marche du soleil, du vent et des nuées, tout l'ordre et tout le désordre des choses. Il n'interrogeait jamais à l'horizon que la brèche par où venaient vers lui les souffles bienfaisants ou meurtriers. Même les étoiles hautaines se levant et se couchant derrière la ligne prochaine des coteaux s'inscrivaient dans le cadre exigu de sa vie. Et bien loin que la vaste nature élargît son esprit, c'est lui qui la rapetissait au contraire au cercle étroit de sa vision, au cercle plus étroit de sa pensée. Et après tout, puisqu'il ne pouvait agir sur le monde, puisqu'il ne pouvait conduire au gré de sa moisson les forces naturelles, pourquoi se fût-il perdu en stériles soucis ?

Mais voici que sur son champ de blé passent non plus des forces naturelles, mais des forces économiques, des forces sociales, des forces humaines. Il laboure, il sème, il moissonne et porte sa moisson au marché voisin. Mais de récolte en récolte, son labeur restant le même, le prix de son blé fléchit presque constamment et aussi le prix de son bétail, de son vin, de son chanvre, de ses olives et de son lait. Et le paysan ne s'incline plus ici comme devant la fatalité de la grêle ou de l'orage, de la sécheresse ou de la gelée. Il a le sentiment obscur que cette variation des prix est un fait social, un fait humain, modifiable peut-être, et il demande pourquoi, oui, pourquoi. De tous les côtés, les hommes d'Etat, les financiers, les économistes, les députés, les candidats lui répondent que depuis un demi-siècle surtout l'humanité a transformé la terre, que dans les grandes plaines diverses de l'Inde, de la Russie méridionale, de l'Ouest américain, d'autres hommes travaillent comme lui, mais à moins de frais, et que toute cette production, brusquement rapprochée par la vitesse des grands navires, pèse constamment sur lui.

Voilà donc que les peuples et les continents lointains surgissent pour lui maintenant de la brume, non plus comme de vagues fantômes de la géographie scolaire, mais comme de dures et massives réalités, et on ajoute, en lui répondant, que c'est peut-être de la quantité de blé ensemencée par un fermier de l'Ouest américain, de la quantité d'or et d'argent extraite des mines de l'Afrique du Sud ou de l'Australie, du salaire distribué aux pauvres journaliers de l'Inde, et encore des lois de douanes, d'impôt et de monnaie promulguées dans toutes les parties du monde que dépendra peut-être demain, sur le marché de la ville voisine, le prix de son blé, le prix de son travail, sa liberté peut-être et sa propriété.

Alors le paysan, pour la première fois, pressent l'étrange solidarité du monde humain (*Applaudissements à l'extrême gauche*), et lui, que l'ignorance, la jalousie, l'égoïsme isolaient sur sa motte de terre, derrière la pierre de bornage, dont l'ombre courte lui cachait le reste du monde, il sent pour la première fois sa vie liée à la vie des autres hommes. Ce ne sont plus des courants atmosphériques, ce sont des courants économiques venus des profondeurs, ce sont des courants humains qui passent sur son champ, abaissant et relevant les épis ; c'est un souffle d'humanité, désordonné encore et brutal, qui emplit l'espace, et le paysan étonné écoute et médite ; pour la première fois lui, l'égoïste et l'isolé, c'est par la longue souffrance des crises qu'il est entré en vivante communion avec la race humaine.

Non ! toutes ses souffrances n'ont pas été perdues ! (*Vifs applaudissements à l'extrême gauche.*)

Voilà la première leçon de la crise, en voilà le premier bénéfice. Il en est un autre : c'est que le paysan, devant ce formidable tourbillon de l'universelle concurrence dont une onde frissonne en son champ de blé, devant ce vaste déchaînement de la production universelle, le paysan a compris le péril de son isolement ; et il cherche, obscurément encore, par quelles combinaisons d'énergie, par quel groupement d'efforts il pourra réagir et se sauver. Son titre de propriété ne suffit plus à le protéger ; il cherche au delà, dans la communauté qui l'enveloppe, un point d'appui, un moyen de salut et ainsi, sous l'action prolongée de cette crise, le paysan se prépare peu à peu à des pensées nouvelles et peut-être à un régime nouveau.

Comme pour attester la vertu secrète d'idéalisme contenue dans les faits économiques, l'universelle et douloureuse concurrence brise dans la conscience paysanne les liens d'égoïsme étroit que ni les exhortations morales ni les prédications religieuses n'avaient pu dénuer, et tandis que la cloche chrétienne propageait en vain dans l'horizon fermé le vaste ébranlement de la pensée antique et du rêve oriental, le tocsin de détresse et de ruine sonnant sur les grandes plaines a éveillé pour la première fois le paysan à des pensées plus hautes et à de plus larges soucis. Oui, ce n'est pas en vain qu'il aura traversé les années de crise et de souffrance ; il en sortira mieux préparé à une conception plus large de la propriété, à des destins nouveaux ; et il faut bien qu'il arrive à comprendre autre chose que ce qui est, puisque ce qui est commence à disparaître, puisque la propriété paysanne elle-même, lentement, mais sûrement, est entrée en agonie. (*Applaudissements à l'extrême gauche.*) Oui, en l'agonie.

La Propriété du Paysan

Le citoyen Jaurès. — Messieurs, quand je dis que la propriété paysanne est entrée depuis quelques années en agonie, je sais que je me heurte aux affirmations optimistes d'un grand nombre de nos contradicteurs, de M. le président du conseil, de M. Yves Guyot, de M. Deschanel, de bien d'autres. Ils nous répondent que la propriété paysanne, la petite propriété est plutôt en voie de croissance. qu'une partie considérable du sol appartient à des paysans propriétaires, que la terre va se divisant de plus en plus et qu'il n'est que d'accélérer par quelques lois fiscales, notamment par la suppression des droits de mutation, ce mouvement naturel, pour que, peu à peu, la terre de France tout entière appartienne à ceux qui la cultivent.

Aux chiffres et aux interprétations de nos contradicteurs, nous opposerons d'autres chiffres et d'autres interprétations. Mais, pour le dire en passant, je regrette beaucoup que nous n'ayons pas été mis, par l'administration de l'agriculture, en état d'utiliser les éléments d'information les plus récents. Nous sommes réduits, nos contradicteurs et nous-mêmes, à bâtir des discussions sur la grande statistique agricole décennale de 1882.

Il a été fait en 1892, une autre statistique agricole ; nous sommes, si je ne me trompe, en 1897, et il est vraiment bien fâcheux qu'une discussion sur le régime agricole et la propriété rurale, instituée en 1897, soit obligée de s'appuyer sur des documents vieux déjà de près d'une vingtaine d'années.

Je demande pourquoi nous ne sommes pas saisis encore de la statisque de 1892 ?

M. le président du conseil, *ministre de l'agriculture.* — Je vous l'expliquerai.

Le citoyen Jaurès. — Il vaudrait bien mieux, monsieur le président du conseil, que vous n'ayez pas à l'expliquer.

M. le président du conseil. — Les statistiques antérieures ont été également longues à établir.

Le citoyen Jaurès. — Il n'y a certes pas, dans mon observation, de quoi provoquer une crise ministérielle.

M. le président du conseil. — Evidemment. Je voudrais que ces statistiques pussent être établies plus rapidement.

Le citoyen Jaurès. — Mais il me semble vraiment qu'il serait possible de hâter un peu plus la publication des documents de statistique agricole.

Je n'insiste pas, d'ailleurs, car je n'ai pas en ce moment l'intention de passer au crible les chiffres des statistiques. J'accorde très volontiers à nos contradicteurs que la concentration et l'absorption capitalistes n'ont pas produit un effet aussi ample et aussi visible dans la production agricole que dans la production industrielle. Il y a des branches nombreuses de la production: les transports rapides, l'extraction minérale, la métallurgie, la filature, le tissage, la production du sucre et de l'alcool, le raffinage du sucre où la grande industrie, personnelle ou anonyme, ont éliminé, je ne dis pas entièrement, mais en très grande partie, les artisans, les moyens et petits producteurs, et il suffirait, si vous le voulez, de consulter les dernières statistiques des finances sur les fabriques de sucre et sur les fabriques d'alcool exercées, pour être obligé de reconnaître à l'unanimité qu'il y a là un mouvement ininterrompu de concentration industrielle et capitaliste.

Le même phénomène ne se retrouve pas au même degré et avec la même clarté dans la production agricole. Il n'y a pas de branche de la culture, ou le blé, ou l'élevage du bétail, ou la betterave, ou la grande culture, la grande propriété ait aussi complètement éliminé la petite et la moyenne culture. Et même, messieurs, ce qui me paraît caractériser en France, au moment précis où je parle, la production agricole, c'est, je puis le dire, l'ambiguité, la contradiction du régime où elle vit, où elle se meut.

Je dis la contradiction, car la production agricole est entrée dans le système capitaliste, dans les lois générales de la production capitaliste, mais elle n'y est entrée qu'à demi ; elle y est entrée, messieurs, car l'ancien rapport féodal qui rattachait le bailleur au tenancier a disparu.

Le revenu de la terre n'est plus une redevance, une sorte

d'hommage de la personne à la personne ; la rente de la terre est un revenu assimilé, dans notre société, au revenu commercial, au revenu industriel. Le revenu agricole est donc un revenu capitaliste. La preuve, c'est que c'est sur le revenu de la terre que l'on capitalise la valeur de la terre. La terre est donc devenue un capital.

M. Léon Guillemain. — La terre n'a jamais cessé d'être un capital.

Le citoyen Jaurès. — Je ne dis pas qu'elle ait cessé d'être un capital ; je dis qu'elle a commencé à l'être il y a un certain nombre d'années.

Je suis heureux de cette interruption, car elle démontre combien il surgit entre nous de malentendus qui tiennent, permettez-moi de le dire, à la méconnaissance des notions élémentaires du développement économique. (*Très bien ! très bien ! à l'extrême gauche.*) Vous me dites, comme si vous aviez fait une découverte, monsieur Guillemain, que la terre a toujours été un capital. Mais en aucune façon ! La terre n'a pas toujours été un capital. Dans les siècles où un habitant de la France recevait à titre de fief une terre, où il faisait hommage à celui qui la lui confiait, et où il était quitte envers lui moyennant une rente perpétuelle, se continuant immuable à travers les siècles, quelles que fussent les variations du marché, les cours des produits ; à ce moment-là la terre n'était pas un capital ; elle était une partie du domaine féodal, de la société féodale. (*Mouvements divers au centre et à droite. — Applaudissements à l'extrême gauche.*)

Messieurs, je vous l'assure — et je ne regrette pas d'avoir jeté je dirai ce coup de sonde dans les notions de nos contradicteurs, — j'apporte à cette tribune des notions élémentaires, et je suis stupéfait...

M. Montaut. — Dites : consterné !

Le citoyen Jaurès. — Consterné ? Non ! En politique, il faut savoir être résigné à bien des choses. (*On rit.*)

... Je suis stupéfait, dis-je, de rencontrer sur ce point la moindre contradiction.

De plus, les producteurs du sol ont cessé de travailler, de produire ou pour la consommation immédiate du domaine, ou pour la consommation de la région environnante, immédiatement voisine. Ils produisent de plus en plus pour les marchés lointains.

Le citoyen Camille Pelletan. — Très bien !

Le citoyen Jaurès. — Ces marchés lointains se confondent de plus en plus avec le marché universel ; en sorte que les producteurs du sol, au lieu de produire selon les traditions de ce que l'on appelait l'économie familiale, pour la consommation immédiate, produisent en ce moment, selon la loi capitaliste essentielle, pour le marché universel. (*Très bien ! très bien ! à l'extrême gauche.*)

Je tiens à revenir, au risque d'allonger un peu ce débat, au sens profond de l'objection de notre collègue M. Guillemain. Savez-vous ce qu'elle prouve ? Elle prouve que pour beaucoup de nos contradicteurs il n'y a pas d'histoire ; elle prouve qu'ils se figurent que les phénomènes économiques sont immuables, que les formes et les catégories économiques sont figées ; que, parce que le capital est la force dominante de la production et de l'échange au dix-neuvième siècle, il l'a été à travers la série des temps, et comme ils barrent l'histoire dans le passé, par une sorte d'illusion qui leur fait transporter le présent dans les siècles disparus, en vertu de cette même illusion ils barrent l'avenir (*Applaudissements à l'extrême gauche et sur divers bancs à gauche*) et s'imaginent, à tort, immuable dans les siècles futurs ce qu'à tort ils considèrent comme ayant existé dans les siècles passés. (*Nouveaux applaudissements sur les mêmes bancs.*)

Donc, par ces deux traits, par l'assimilation au revenu capitaliste et par la production pour le marché universel, l'agriculture est entrée dans le système capitaliste. J'ajouterai même, pour l'édification de l'honorable M. Guillemain, qu'il y a très peu de temps, il y a quelques années à peine, que les derniers vestiges du régime féodal appliqué au sol ont disparu de notre pays. Ces derniers vestiges du régime féodal agricole n'ont disparu que depuis quelques années, alors que les propriétaires de vignes de la Loire-Inférieure, abusant de la crise du phylloxéra pour rompre des contrats trois et quatre fois séculaires, ont essayé d'enlever aux colons les vignes à complant et de substituer à l'ancienne rente immuable à travers les siècles, qu'avait instituée le régime féodal, un revenu moderne, variable suivant le cours du marché, c'est-à-dire un revenu capitaliste. (*Très bien ! très bien ! sur les mêmes bancs.*)

Le citoyen Camille Pelletan. — Je pourrais vous citer des droits féodaux qui existent encore.

Le citoyen Jaurès. — Je ne dis pas non ; il en peut exister encore. Je crois, dans tous les cas, que le régime de la vigne dans la Loire-Inférieure en était un des spécimens les plus caractérisés, et pour le dire en passant c'est une chose singulièrement attristante et significative de notre présent état politique et social, que les paysans de la Loire-Inférieure, en soient réduits à déplorer aujourd'hui comme une diminution de garantie la disparition d'une partie du vieux système féodal.

Mais s'il est vrai que l'agriculture soit entrée dans la loi générale du système capitaliste, elle ne s'y est certainement pas livrée tout entière. Le capital mobilier ne s'est pas appliqué à la terre pour en tirer toutes les ressources, comme il s'est appliqué au travail industriel ou aux échanges commerciaux.

Le Système Capitaliste

Ah ! messieurs, il ne manque pas d'économistes, il ne manque pas de logiciens à outrance du capitalisme pour conseiller à la production agricole de s'engager à fond et irrévocablement dans le système capitaliste. Il y a quelques années, M. Leroy-Beaulieu avançait des idées très hardies et très significatives ; il écrivait — je me rappelle le texte même de ses paroles, elles font partie du bréviaire de propagande de tous les socialistes (*Rires*) : — « Il faut — disait M. Leroy-Beaulieu — renouveler absolument les cadres de l'agriculture ; pour cela il faut la disparition des petits propriétaires... »

Le citoyen Camille Pelletan. — C'est cela !

Le citoyen Jaurès. « ... qui ne sont ni assez éclairés ni assez riches ; il faut aussi la disparition des fermiers qui sont impuissants à s'adapter aux nécessités du progrès. »

M. Gabriel Dufaure. — C'est le phalanstère ?

Le citoyen Jaurès. — Et l'honorable M. Leroy-Beaulieu...

Au centre. Il s'est trompé !

Le citoyen Jaurès. — Vous avez beau nous dire qu'il s'est trompé. Je cite, je constate simplement.

M. Chastenet. — Les extrêmes se touchent !

Le citoyen Jaurès. — Je ne mets pas ces paroles à votre compte et vous auriez le droit de protester si j'imputais à M. Leroy-Beaulieu des paroles qui ne fussent pas les siennes ; je me borné très honnêtement à citer une opinion qui n'est pas la vôtre.

Le citoyen Gabriel Deville. — Et qu'il enseigne au nom de l'Etat !

Le citoyen Jaurès. — L'honorable M. Leroy-Beaulieu conseillait, par conséquent, aux cultivateurs de transformer complètement le régime du sol, de se rapprocher le plus possible, pour l'exploitation de la terre, du système des grandes sociétés par actions, de mobiliser le plus possible la valeur foncière et de constituer de très vastes domaines exploités au moyen d'un grand capital et avec toutes les ressources de la culture intensive. Et il n'était pas le seul à tenir ce langage. Il n'est rien de plus intéressant que le recueil des délibérations de la commission extraparlementaire du cadastre. Ses procès-verbaux sont là pour constater que telle était l'opinion d'un nombre très considérable de ses membres.

M. Léon Say, notamment, demandait qu'il fût institué un livre foncier dans lequel tous les domaines de France auraient leur représentation à la fois juridique et économique, et par conséquent il demandait l'assimilation de la terre à des valeurs mobilières facilement transmissibles et négociables. De même, M. Yves Guyot, avec sa persévérance, demande que l'*Act Torrens* fonctionne en France comme il fonctionne en Australie et en Tunisie ; il demande par conséquent que la propriété rurale, pour pouvoir faire appel au crédit, pour pouvoir appeler à elle les capitaux mobiliers qui la doivent féconder et qui seuls la peuvent féconder, se transforme le plus possible dans le type des sociétés industrielles par actions, avec des titres aisément transmissibles.

Messieurs, ces conseils des économistes outranciers n'ont pas été suivis. S'ils l'avaient été, on peut dire que la civilisation moderne, la civilisation capitaliste eût été achevée, eût été accomplie, puisqu'elle eût soumis à la loi, à la loi de la production capitaliste même cette propriété foncière qui avait été la base économique et historique des civilisations antérieures. (*Très bien ! très bien! à l'extrême gauche.*) Mais le mouvement s'est produit à peine. On peut dire presque qu'il ne s'est pas produit du tout. Et pourquoi, messieurs, malgré quelques échantillons de sociétés par actions, en particulier de sociétés par actions pour l'exploitation des vignobles du littoral méditerranéen, pourquoi ce mouvement ne s'est-il pas produit ?

D'abord la propriété rurale elle-même, la propriété foncière ne s'y est pas prêtée. Les propriétaires du sol, les grands propriétaires surtout, se sont méfiés de cette transformation. Malgré l'abolition du régime féodal, malgré l'abolition des privilèges légaux de la noblesse, les grands propriétaires du sol ont gardé près de trois quarts de siècle après la Révolution, on peut dire jusque vers la fin du second empire, une très haute influence directe, politique et sociale.

La masse des valeurs foncières était encore supérieure à la somme des valeurs mobilières, et ceux qui détenaient ces valeurs foncières prépondérantes exerçaient naturellement une part proportionnée de pouvoir. Et alors ces grands propriétaires ruraux se sont dit que ce serait duperie que de transformer en titres mobiliers leurs propriétés foncières, que ce serait accélérer d'autant la déchéance politique et sociale des hautes classes anciennes, de la vieille aristocratie, de la haute bourgeoisie d'ancien régime, et accroître de toute la terre de France le domaine que gouvernaient les financiers, les parvenus du régime nouveau.

De plus, par sa stabilité, par sa pesanteur même, opposée à la mobilité des titres industriels et financiers, la propriété foncière prolongeait dans le présent les forces du passé, et les hautes classes d'ancien régime, qui de longtemps n'ont pas abdiqué, espéraient que sur cette base de la propriété foncière maintenue leur pouvoir politique pourrait un jour se reconstruire. Elle était comme le socle compact, fortement scellé, qui attendait la statue ; et pour la haute classe terrienne, pour la grande propriété terrienne, livrer la terre aux valeurs mobilières, la transformer en valeurs circulantes, substituer la puissance de l'anonymat à la puissance des grands noms, c'eût été précipiter la Révolution économique qui peu à peu diminuerait leur pouvoir ; c'eût été abdiquer toute espérance de résurrection, c'eût été livrer le monde, que leur orgueil se promettait encore, à la vanité des parvenus.

En même temps, la société tout entière, par une sorte d'instinct conservateur profond conspirait avec cette résistance de la grande propriété rurale. On avait le sentiment que, dans une époque où tout est mobilité et nouveauté, où surgissent à toute heure de nouvelles entreprises lucratives, éblouissantes mais incertaines, il eût été imprudent de livrer la terre elle-même à ce perpétuel mouvement, à cette perpétuelle instabilité. La terre apparaissait comme devant rester une valeur de repos, où l'on pourrait se réfugier après d'autres écroulements, et la propriété foncière pesante, peu maniable a été pendant presque tout notre siècle, comme le lest d'une civilisation aventureuse, ballottée par tous les hasards du régime capitaliste.

Voilà pourquoi la propriété rurale a résisté aux conseils de M. Yves Guyot, de M. Léon Say et de tous les économistes à outrance.

Disparition fatale

D'autre part, les financiers n'avaient pas grand intérêt à précipiter leurs capitaux vers la terre. Ils se heurtaient là d'abord à d'innombrables résistances qu'ils ne rencontraient pas ailleurs. Il leur était facile, par la croissance subite d'un grand outillage perfectionné, de ruiner les petits artisans et les petits négociants ; il leur était plus difficile d'exproprier le petit paysan qui pouvait, à force de privations, compenser l'infériorité de son outillage et prolonger plus longtemps sa résistance.

De plus les bénéfices à attendre des opérations sur le sol...

M. Charles Ferry. — Étaient nuls.

Le citoyen Jaurès. — ... Étaient nuls, monsieur Charles Ferry ? Il ne faut pas le dire. Dans tous les cas, ils étaient moindres.

Et comme les financiers n'ont pas disposé d'emblée, monsieur Charles Ferry, de la somme de capitaux dont ils disposent depuis quelque temps, — car il ne leur a pas été possible de mobiliser d'emblée toutes les épargnes du pays, — comme la mobilisation des capitaux, ainsi que toutes les mobilisations, suppose une longue préparation, les financiers ont préféré jeter d'abord les premiers milliards dont ils pouvaient disposer vers d'autres entreprises plus fructueuses, quelquefois pour les actionnaires, mais toujours pour les administrateurs. (*Applaudissements et rires à l'extrême gauche.*)

Pour ces raisons, le capital mobilier n'a pas encore absorbé la terre, et la propriété paysanne n'a pas eu à subir l'assaut direct de la puissance capitaliste, comme la petite propriété industrialle et marchande a eu à subir l'assaut du régime capitaliste.

En sera-t-il ainsi longtemps encore? Il est malaisé de l'affirmer, car dès maintenant la masse des valeurs mobilières dépasse la somme des valeurs foncières ; les emplois fructueux du capital se resserrent ; on est obligé d'aller chercher au loin, très loin, à l'étranger, des emplois nouveaux, quelquefois hasardeux ; et il est possible que la tentation vienne au capital, sur ses vieux jours, après avoir prodigué ses faveurs à la production industrielle, de terminer son cycle d'évolution en fertilisant et en absorbant la propriété rurale.

Cela est possible, et j'avoue que j'ai été très frappé des paroles que prononçait l'autre jour à cette tribune l'honorable M. Jonnart. Il n'est pas un économiste, lui, ou du moins il ne l'est que par alliance. (*Rires sur plusieurs bancs.*) Personnellement, c'est un terrien ; c'est même, à en croire certains articles de journaux que je me permettais de rappeler l'autre jour, et où l'ombre terrible du gendarme semblait s'approcher des financiers, c'est même un terrien un peu âpre.

J'ai été étonné, j'ai même été effrayé de la tranquillité avec laquelle, lui, un terrien authentique, il est venu l'autre jour, à cette tribune, proposer solennellement, comme remède aux souffrances agricoles, l'application à la France de l'*Act Torrens*, c'est-à-dire, dans une large mesure, la mobilisation de la propriété du sol, et peut-être aussi, je ne dis pas par une conséquence nécessaire, mais dans tous les cas par une conséquence possible, la propre concentration de la terre de France aux mains des capitalistes proprement dits et des financiers. Je l'avoue, ce langage d'un terrien m'a paru un signe des temps.

En tous cas, la production agricole est à cette heure dans une situation critique. Elle est obligée, si elle veut vivre, si elle veut lutter contre l'universelle concurrence et la dépression des prix, de faire appel très largement au capital mobilier. Et si elle fait appel à ces capitaux; si elle fait appel à l'emprunt; si, pour se procurer des engrais, pour planter ses vignes, pour approfondir ses labours et développer la grande culture intensive, le producteur du sol est obligé de recourir au capital, c'est probablement avant peu la disparition de la propriété foncière et, en particulier, de la petite propriété paysanne, dans la toute puissance du capital mobilier.

Ainsi, messieurs, l'alternative est posée, pour la production agricole, en termes singulièrement menaçants : ou bien la production agricole ne fera point appel à la puissance du capital, au concours de la finance, et faute de capitaux, faute de grands progrès, qui ne sont possibles que par le grand capital, elle languira, elle succombera devant l'universelle concurrence ; ou bien elle fera appel à ces capitaux, et elle sera sauvée par eux — sauvée, mais absorbée.

A cette heure, la propriété agricole, la propriété paysanne, n'a guère le choix qu'entre deux formes de disparition : elle disparaîtra par la ruine, ou par la finance et le capital mobilier. (*Applaudissements à l'extrême gauche.*)

M. Charles Ferry. — Elle nous enterrera tous !

Le citoyen Jaurès. — Elle nous enterrera tous, dites-vous, monsieur Charles Ferry ? Je crois, au contraire, que c'est vous qui l'enterrerez ; je crois que la petite propriété paysanne se dérobera à ceux qui ont mis en elle tout leur espoir, et qu'elle est condamnée par la nécessité même du développement capitaliste.

Le grand Capital

Mais je me trompe. Il y avait une autre solution : c'était de constituer, à l'état de capital national, de capital social, précisément le capital nécessaire à la propriété rurale, et en particulier à la petite propriété paysanne, pour se développer et se sauver.

Le citoyen Camille Pelletan. — Très bien !

Le citoyen Jaurès. — C'est ce que nous vous proposions, lorsque nous vous demandions, en créant, au moyen d'une subvention de l'Etat, un crédit agricole central, de mettre à très bas prix, non plus avec des capitaux privés destinés à être bientôt des capitaux expropriateurs, mais avec un capital national, de mettre, dis-je, à la disposition de l'agriculture et de la propriété un moyen de se développer, de progresser et de se sauver.

Vous ne l'avez pas voulu, vous avez repoussé, vous repousserez longtemps encore probablement, vous repousserez sans doute tant qu'elle pourra être utile et efficace, la suprême solution de salut que nous vous proposions, et c'est, permettez-moi de le dire, un singulier paradoxe, ou plutôt c'est une des plus habituelles contradictions que rencontre l'histoire, que ce soient les partis d'opposition sociale, ceux qui, comme nous, ont intérêt, pour hâter l'avènement d'un ordre nouveau, à précipiter la disparition de l'ordre ancien, que ce soient ceux-là qui viennent précisément proposer à la partie saine encore et tolérable de cet ordre ancien le moyen de se perpétuer, et que ce soit vous, les prétendus conservateurs, vous qui sentez vous échapper la grande industrie anonyme et les grandes agglomérations ouvrières, vous qui devriez vous attacher à sauver la propriété paysanne comme la prunelle de vos yeux, que ce soit vous qui, par le plus étrange paradoxe, je le répète, conservateurs en apparence, en fait par votre inertie même et votre aveuglement révolutionnaires plus que nous, (*Applaudissements à l'extrême gauche*), que ce soit vous qui ayez repoussé cette constitution d'un capital social, d'un capital national à bon marché qui aurait pu prolonger l'existence de la propriété paysanne et lui permettre tous les progrès en la sauvant de toutes les expropriations. Vous ne l'avez pas voulu ; les choses suivent leur cours plus fort que vous ; nous travaillons à la même œuvre, nous le voulant, vous malgré vous. C'est bien ! Il faut que cette œuvre s'accomplisse ! (*Applaudissements sur les mêmes bancs.*)

Mais en attendant, messieurs, s'il est vrai que la propriété agricole, et en particulier la petite propriété paysanne, n'ait pas subi l'assaut, l'investissement direct de la puissance capitaliste, il n'en est pas moins vrai qu'indirectement et sous des formes multiples elle est tombée sous la dépendance, sous l'exploitation et de la grande propriété et du grand capital.

Le citoyen Camille Pelletan. — Très bien ! très bien !

Le citoyen Jaurès. — De la grande propriété et du grand capital ! Vous ne pouvez le contester. On nous parle de l'abondance des petits domaines ruraux, des petits propriétaires ruraux. Mais il se trouve, d'après les statistiques officielles elles-mêmes, que 28,000 propriétaires fonciers possèdent à eux seuls un nombre d'hectares égal à celui que possèdent les 6 millions de prétendus propriétaires qu'enregistrent un certain nombre de vos statistiques. Et qu'est-ce pour beaucoup de ces petits propriétaires que la propriété de la terre ? Est-ce qu'elle leur donne l'indépendance ? Est-ce qu'elle leur donne le moyen de vivre ? Mais la plupart d'entre eux sont obligés en même temps d'être des salariés et de compléter la maigre rente sortie de leur sol par le salaire qu'ils vont chercher dans la grande propriété voisine. (*Applaudissements à l'extrême gauche.*)

Non seulement ils sont obligés d'aliéner ainsi leur indépendance, mais ils déterminent par contre-coup la baisse, la dépression des salaires pour ceux qui sont exclusivement des ouvriers agricoles.

C'est ce qui se produit surtout, — et je fais appel ici au témoignage de nos collègues des régions forestières, — c'est ce qui se produit surtout dans ces régions. Aux abords des forêts, il y a beaucoup de petits propriétaires qui ne peuvent pas employer toute leur année à travailler leur propre sol et qui s'offrent pendant une période de l'année comme ouvriers [bûcherons. Ils peuvent s'offrir au rabais, parce qu'ils ont un petit lopin de terre qui complète l'insuffisance du salaire. Mais en s'offrant ainsi au rabais, ils font baisser les salaires de ceux qui n'ont pas, comme eux, un lopin de terre.

Et ici, la petite propriété rurale, la petite propriété paysanne non seulement ne donne pas l'indépendance et le bien-être à ceux qui en sont les détenteurs, mais elle propage la misère et la dépression parmi les ouvriers agricoles eux-mêmes. (*Réclamations au centre et à droite. — (Applaudissements à l'extrême gauche.*)

L'Hypothèque

Il est un autre fait, messieurs, que vous ne pouvez contester : c'est l'énormité, c'est aussi la croissance depuis dix ans de l'hypothèque qui pèse sur la propriété paysanne proprement dite. Ici, je le répète, il m'est impossible, parce qu'on ne nous les a pas donnés et peut-être parce qu'on ne nous les donnera pas, d'apporter des documents authentiques officiels ; mais je crois que je puis sans témérité m'en rapporter à l'expérience, à l'enquête personnelle de chacun de vous. En tout cas, j'affirme que si, dans les lettres nombreuses qui nous sont parvenues de toutes les régions agricoles de la France, il y a eu des renseignements différents, des affirmations opposées, des vœux contradictoires, il y a eu au moins un point sur lequel toutes les lettres de tous les cultivateurs, de tous les paysans étaient d'accord, c'est que de plus en plus la petite propriété rurale avait été obligée, à travers la crise, de s'endetter, de s'hypothéquer, et que la grande propriété foncière avait pu peu à peu, grâce à des revenus d'une autre provenance, se libérer de ses hypothèques, mais que le paysan qui ne vit que de la terre et qui est en train d'en mourir, n'ayant pas pu, lui, par d'autres revenus, se libérer de ses hypothèques, était véritablement accablé sous le fardeau. Et en même temps que cette hypothèque pèse sur lui, l'impôt arrive sur sa terre même hypothéquée, en sorte qu'il paie l'impôt pour une terre qui est sa propriété nominale, mais qui est la propriété réelle du créancier. (*Très bien! très bien! à l'extrême gauche.*)

Nouvelle Féodalité

A travers tous ces phénomènes, l'action, la puissance de la grande propriété sur la petite va toujours se développant. De toutes parts, messieurs, il nous a été affirmé que la grande propriété, lentement, mais sûrement aussi, se développait aux dépens de la petite et il nous a été cité avec précision de très nombreuses communes pour lesquelles on nous donnait le chiffre de propriétés en 1860, en 1880, en 1890, en 1897 et il nous était permis de constater, surtout aux environs de la capitale et des grandes villes manufacturières, dans les régions dominées par l'industrie du sucre, il nous était permis de constater que la grande propriété se développait de plus en plus aux dépens de la petite.

A droite. — Ce n'est pas général.

Le citoyen Jaurès. — Et même il suffit quelquefois de l'apparition de la grande propriété, et surtout de la grande propriété de luxe, dans une région pour y déterminer nécessairement la mort de la petite propriété paysanne. L'autre jour, la Chambre a accueilli avec un certain scepticisme, que je m'explique mal, les explications de notre honorable et excellent collègue M. Montaut sur le régime des chasses, sur le régime de seigneurie des chassés institué dans dix ou douze départements autour de Paris. Je sais bien ce qu'on peut répondre. Je sais bien que quelquefois les petits propriétaires paysans, voisins d'un grand domaine de chasse, essayent de se faire racheter à bon prix la terre qui est devenue une gêne pour un grand voisin ; mais il n'en est pas moins vrai, car nous n'avons pas à faire ici de la psychologie, nous n'avons pas à prononcer des jugements, nous n'avons à constater que les faits sociaux et leurs résultats, — il n'en est pas moins vrai que l'apparition des grandes propriétés de chasse détermine forcément, dans un rayon très étendu, la petite propriété paysanne.

Les grands propriétaires ont beau, conformément à la loi, enclore d'une grille leur parc de chasse, le lapin, le gibier sait bien passer à travers, au dessus, au-dessous. Et c'est la récolte perpétuellement ravagée, et ce sont de perpétuels conflits, vous le savez bien. M. Montaut vous a cité des jugements ; je pourrais vous les lire.

Vous savez bien que les grands propriétaires de parcs et de domaines de chasse, pour exercer leur droit de chasse, de seigneurie, se sont arrogé un véritable droit de justice seigneuriale.

Oui, messieurs, il y a un droit nouveau, un droit féodal et seigneurial (*Très bien ! très bien ! à l'extrême gauche*), qui a surgi forcément dans toutes les régions où la grande propriété de luxe, avec son inévitable despotisme, est venue se juxtaposer à cette petite propriété paysanne. Ce sont des coups de feu, de véritables meurtres, de véritables assassinats presque impunis (*Applaudissements sur les mêmes bancs*), que la grande propriété juive, que la grande finance juive, accapareuse du domaine foncier, se permet pour le plus petit délit de braconnage autour de Paris ; et ce droit de justice, ce droit de propriété sur le gibier, s'est étendu en dehors même des limites de la grande propriété de chasse et de luxe. (*Très bien ! très bien ! sur les mêmes bancs.*)

Oui ! Il arrive — et c'est un scandale — que les lapins et les faisans qui ont été élevés et emprisonnés à grands frais dans de beaux parcs pour les plaisirs d'une chasse quasi-seigneuriale, il arrive quelquefois qu'ils s'évadent et qu'ils vont se promener à la bonne aventure chez les simples paysans, et que les simples paysans, avec cette malice que depuis Lafontaine on leur reconnaît, profitent insolemment du moment où le gibier d'un grand seigneur voisin passe sur leurs terres paysannes à eux pour le tirer. C'est un abus ?

M. Montaut. — C'est abominable ! (*Mouvements divers.*)

Le citoyen Jaurès. — J'entends bien, monsieur Montaut. C'est là un scandale ! (*Interruptions à droite.*)

M. de la Biliais. — C'est leur droit.

M. Ducos. — Personne ne le leur conteste.

Le citoyen Jaurès. — Je m'aperçois que quelques-uns de mes collègues se méprennent au tour ironique de ma pensée ;

mais je me suis créé une telle habitude d'impartialité — j'ose le dire, malgré l'apparence un peu véhémente de mes opinions — que j'essaye tout de suite de me transporter dans l'esprit, dans la conscience de ceux-là mêmes que je combats, et alors je me figure l'irritation et le scandale de ces grands seigneurs qui se sont ménagé de superbes tirés de chasse et qui se disent que leurs lapins s'égarent sur des terres de roture. (*Applaudissements à l'extrême gauche.*)

Oui, c'est un scandale et j'en souffre avec eux ; mais comment ont-ils essayé d'y porter remède ? Vous avez souri l'autre jour, c'est pourtant sérieux ; ils le font en organisant de véritables bandes de tapageurs, de claqueurs de fouet, chargés — il y a des jugements, messieurs — de longer les petites propriétés paysannes, les petits domaines paysans. Lorsqu'un propriétaire paysan sort, avec son fusil, pour aller chasser, il est guetté et, dès le seuil de sa porte, il est accompagné, de loin et tout le long de son petit domaine, par des cris, des claquements de fouet destinés à faire rentrer le gibier, lapins, faisans, toute la volaille de luxe, dans les limites du parc.

Les tribunaux ont décidé — des jugements ont été rendus — que c'était là sans doute un acte regrettable, qui portait atteinte indirectement au droit qu'avait le petit propriétaire de chasser sur son domaine, mais que ce n'était pas un délit de chasse caractérisé et ils ont renvoyé des fins de la plainte les agents authentiques de M. le comte de Greffülhe. (*Mouvements divers.*)

Vous pouvez sourire, vous avez bien tort, car vous oubliez que dans les colères paysannes d'il y a un siècle, dans le soulèvement rural d'il y a un siècle, les souffrances, et le dépit, et la colère causés par les prétentions de la noblesse au droit exclusif de chasse ont été pour beaucoup, et il ne faudrait pas que vous laissiez longtemps, dans les dix ou onze départements qui environnent Paris, se perpétuer ce régime de violence légale pour que les paysans reconnaissent encore à ce signe l'avènement d'une nouvelle féodalité, d'une nouvelle noblesse dont, comme de l'ancienne, il faut qu'ils se débarrassent. (*Applaudissements à l'extrême gauche.*)

Ce n'est pas seulement par ce contact seigneurial et brutal que la grande propriété menace et fait disparaître la petite ; elle la menace encore — et ceci est tout naturel — par la force la concurrence. La grande propriété, aujourd'hui, est outillée de façon à pouvoir produire à coup sûr à bien meilleur compté que la petite.

Dans les grands domaines de vignes, les frais d'entonnage, de manipulation du vin dans les caves sont infiniment moindres pour la grande propriété que pour la petite. Il est beaucoup plus facile aux grands propriétaires de profiter des wagons-réservoirs qui transportent à prix réduits une quantité énorme de vin, tandis qu'il faut que les petits propriétaires fassent le groupage.

De plus, il a été bien facile à la grande propriété de vignes, dans la période de détresse créée par le phylloxera, de profiter des bénéfices de la fabrication du vin artificiel, tandis que la petite propriété vinicole ne le pouvait pas.

Quelquefois, à cette tribune ou dans nos régions méridionales, j'entends des députés de la majorité, ou qui sont sur les confins de la majorité, nous accuser de ne pas voter avec assez d'enthousiasme toutes les lois contre les vins de raisins secs. Allez dans les départements des régions méridionales et vous apprendrez qu'au plus fort de la crise du phylloxera, au moment où il a fallu produire beaucoup de vin de raisins secs pour suppléer à l'insuffisance des récoltes, les grands propriétaires de vastes caves prêtaient ces caves aux fabricants de vins de raisins secs pour que ceux-ci, après leur avoir acheté le vin naturel, pussent ensuite écouler des quantités considérables de vins de raisins secs sous le titre de vins naturels, titre emprunté précisément au séjour de ces vins artificiels dans les grandes caves. (*Très bien ! très bien ! à l'extrême gauche.*)

Si bien que, pendant toute cette période, pendant toute cette crise du phylloxera, tandis que la petite propriété des vignerons portait toute la charge de misère, la grande propriété trouvait moyen de se créer une source de bénéfices, précisément avec cette industrie artificielle que la majorité d'aujourd'hui affecte de combattre si vivement.

Il en est de même pour tous les autres produits, pour le blé, pour la betterave, et pour le reste. Il est certain que la grande propriété, pouvant se livrer à la culture intensive, peut livrer ces produits à meilleur compte et que, à mesure que se développe l'âpre concurrence économique, — non seulement la concurrence étrangère, mais la concurrence intérieure, — la grande propriété acquiert de plus en plus des chances de tuer, de ruiner la petite propriété. Et si la petite propriété subsiste encore, c'est parce que le paysan a pour ses besoins, si je puis dire, une faculté de compression presque illimitée ; mais que ce ressort des besoins, que ce ressort de la vie qui aujourd'hui, chez les paysans propriétaires, est comprimé jusqu'à la dernière limite, se redresse enfin, et c'est la faillite de la petite propriété paysanne. (*Très bien ! très bien ! à l'extrême gauche.*)

Messieurs, c'est des intermédiaires encore que souffre la petite propriété paysanne ; je n'ai pas besoin d'en faire la démonstration, elle a été faite à cette tribune par beaucoup de nos collègues. Je me souviens de la force avec laquelle M. Georges Leygues démontrait que dans toutes les régions du Sud-Ouest c'étaient les maquignons, les marchands de chevaux qui réalisaient toutes les bonnes affaires aux dépens du paysan. Et pour le bétail acheté en Limousin ou en Dordogne, qui ne sait combien les paysans disséminés dans les métairies, dans les fermes, sont hors d'état, ignorant les cours, de se défendre contre l'habileté des acheteurs venus de Paris ? (*Réclamations au centre et à droite.*)

M. le baron de Marçay. — Je vous assure qu'ils ne se laissent pas tromper facilement.

Le citoyen Jaurès. — Messieurs, vous me permettrez de constater un phénomène de psychologie parlementaire assez curieux. Depuis quinze ans, il n'y a pas eu de discussion sur les choses rurales, sans que des députés du centre, de l'opportunisme, de la droite soient venus à cette tribune indiquer la triste condition des ruraux. Ils appuyaient aussi sur le rôle joué par ; à intermédiaires envers les propriétaires paysans, incapables de se défendre. C'était la thèse favorite de tous les ministres de l'agriculture qui se succédaient. C'est ce que disait M. Develle, c'est ce qu'a dit M. Viger, et bien des fois aussi M. Méline ; c'est ce qu'ils diront encore sans doute. Et je vois à ce sujet les signes d'approbation de plusieurs de nos collègues de droite. Et la majorité approuvera et confirmera ce que viennent dire à cette tribune les voix qui partent de ces bancs. (*L'orateur désigne la droite.*) Et quand c'est nous qui nous bornons à rappeler ces déclarations des membres de la majorité ; quand c'est nous qui venons constater le régime de spoliation auquel sont soumis les petits propriétaires ruraux, tout de suite on dit que nous exagérons !

Et il suffit que le socialisme recueille vos propres apprécia-
tions pour que vous en preniez peur et que vous retiriez à moitié des paroles déshonorées par notre consentement. (*Applaudissements à l'extrême gauche.*)

Monopole de l'Industrie

Mais il y a un autre fait qui domine en ce moment-ci la production agricole. C'est l'état de dépendance où elle se trouve de
plus en plus à l'égard de la grande propriété industrielle qui
utilise immédiatement les produits du sol. J'en ai apporté ici la
preuve que je crois décisive pour les rapports des producteurs
de betteraves avec les grands sucriers.

Ce qui démontre que mes observations à ce sujet n'étaient
pas tout fait inexactes, c'est que la majorité de la Chambre et le
Gouvernement lui-même, ont adopté en le mutilant un amendement par lequel nous établissions le contrôle des bascules.
Mais cet amendement est insuffisant, car vous n'avez pas placé
les bascules dans toutes les fabriques, là précisément où elles
pourraient fonctionner utilement.

L'exploitation du producteur de betteraves par le grand industriel de sucre, depuis que vous avez voté la loi sur les primes
continue ; elle s'aggrave même. On nous avait annoncé à la
faveur des primes une hausse des betteraves. Est-ce que cette
hausse s'est produite par hasard, et est-ce qu'il y a chance
d'espérer qu'elle se produise ? Je lis, c'est devenu mon feuilleton,
ma nourriture quotidienne...

M. le président du conseil. — Sans la loi, le prix de la
betterave aurait baissé, voilà tout ! Le sucre n'a pas augmenté,
vous le savez bien.

Le citoyen Jaurès. — Vous me dites, et vous aurez
toujours réponse à cela...

M. le président du conseil. — Si on n'avait pas voté
les primes, où en serait-on ?

Le citoyen Jaurès. — Vous avez la monomanie de la
persécution, monsieur le président du conseil. (*Rires à l'extrême
gauche.*)

M. le président du conseil. — Je vous assure bien que
non. On ne saurait me faire ce reproche.

Le citoyen Jaurès. — Où voyez-vous que je vous

blâme ? Je crois même que je blâme le moins possible ; je constate simplement.

Si vous n'aviez pas fait voter la loi sur les primes, vous me dites que les betteraves auraient encore baissé. C'est possible. En tout cas, on nous disait qu'elles ne pouvaient pas rester au prix où elles étaient parce que ce prix était ruineux. Eh bien, je constate tout simplement qu'après le vote et l'application de la loi elles sont restées au prix où elles étaient, ou plutôt elles sont de 1 fr. au-dessous du prix de l'année dernière, et que la culture de la betterave continue à être ruineuse malgré les 18 millions de primes.

Il est toujours facile de dire : si on n'avait pas fait cela, la situation serait encore pire. Il en est de même pour le médecin qui laisse mourir un malade et qui peut toujours dire : Si je ne l'avais pas soigné, il serait mort plus tôt.

Y a-t-il quelque chance que le prix des betteraves se relève ? Je lis habituellement — je vous le disais, j'en fais mon aliment presque quotidien — les grands journaux spéciaux qui s'occupent de la culture de la betterave et de la production du sucre. Que disent-ils tous les jours ? Ils disent qu'en ce moment la production du sucre en France, malgré les primes, ne peut se sauver qu'à la condition que le fabricant de sucre réduise encore sensiblement ses frais généraux. Et M. Ribot me fait un signe très précieux d'assentiment.

M. Ribot. — Je l'ai dit moi-même.

Le citoyen Jaurès. — Oui ! à la condition qu'il réduise encore ses frais généraux. Nous savons ce que cela veut dire. Notre ami Jules Guesde nous a démontré par des statistiques que cela signifie : d'abord, pour les ouvriers, une réduction énorme de la main-d'œuvre... (*Dénégations au centre.*)

M. Ribot. — Nullement !

Le citoyen Jaurès. — Monsieur Ribot, voulez-vous...

M. Ribot. — Recommencer la discussion sur les sucres ! Pas cette année ! (*On rit.*)

Le citoyen Jaurès. — Eh bien, vous avez le plus grand tort ; car si les parlements voulaient légiférer en toute connaissance de cause, ils ne devraient pas perdre de vue, dans l'intervalle qui s'écoule entre deux réclamations des fabricants de sucre, la marche des événements. Il est commode de ne s'occuper de la question sucrière que lorsque les grands sucriers viennent ici demander un surcroît et un renouvellement de primes. Il serait cependant peut-être utile, dans l'intervalle, de se demander, comme je le fais consciencieusement en ce moment, quel a été l'effet des mesures votées et à qui elles profitent à l'instant même où je discute.

Je constate d'abord qu'il n'y a pas eu élévation du prix de la betterave.

M. Ribot. — On n'a jamais eu en vue l'élévation du prix de la betterave ; on a demandé que les marchés ne devinssent pas ruineux. Dans notre région, les marchés se sont faits à des prix un peu inférieurs à ceux des dernières années, mais qui ne sont pas des prix de ruine...

Le citoyen Jaurès. — C'est cela !

M. Ribot ..... et si la loi n'avait pas été votée, c'eût été un désastre.

Le citoyen Jaurès. — Je vous apporterai ici les déclarations du Gouvernement et de beaucoup d'orateurs favorables à la loi, disant qu'au prix où étaient les betteraves, c'était la ruine pour les cultivateurs.

Vous me dites maintenant que vous vous borniez à souhaiter que les prix ne baissassent pas davantage. Il fallait le dire avant le vote sur les primes.

M. Ribot. — Je l'ai dit !

Le citoyen Jaurès. — Je vous apporterai, monsieur Ribot, le grand journal des fabricants de sucre, portant la signature d'hommes considérables, qui établit qu'il sera impossible à l'industrie sucrière, même après le vote sur les primes, de fonctionner sans une nouvelle diminution des prix de revient.

Nous savons ce que cela veut dire : c'est une nouvelle menace de baisse du prix de la betterave. Nous avons donc le droit de dire aux cultivateurs que ce n'était pas pour payer plus cher leurs betteraves que la Chambre a voté 18 millions de primes. (*Applaudissements à l'extrême gauche.*)

La même dépendance à l'égard de la grande industrie se retrouve dans toutes les autres cultures. J'ai à peine besoin de vous rappeler que les petits meuniers indépendants, voisins des petits producteurs de blé, ont presque tous disparu, et que la meunerie se concentre de plus en plus en d'immenses établissements qui ne sont plus seulement des établissements de meunerie, mais des établissements de spéculation. Et le paysan ne sait jamais si ce ne sera pas une coalition de ce grand syndicat d'acheteurs qui déterminera le prix du blé au lendemain de la récolte. (*Bruit de conversations.*)

M. le président. — Messieurs, ce bruit de conversations ajoute très inutilement à la fatigue de l'orateur. Veuillez faire silence.

Le citoyen Jaurès. — Messieurs, je serais vraiment bien exigeant si je me plaignais de la Chambre au lieu de m'excuser au contraire, de la fatigue prolongée que je lui impose. Mais j'imagine, puisqu'il a paru, je crois, utile à tous les partis d'instituer sur le fond même de la question agricole un débat sérieux, que vous ne m'en voudrez pas de faire à mon point de vue l'exposé le plus complet que je pourrai de la question. (*Parlez ! parlez !*)

Je dis donc que, pour la question du blé, il en est de même, et vous ne le pouvez méconnaitre : les producteurs de blé savent que, pour les prix du blé, ils sont bien souvent à la merci de ces grands établissements de meunerie qui sont, en effet, de grands établissements de spéculation. Et vous aurez beau, permettez-moi de vous le dire, préparer et promulguer des lois contre la spéculation, l'essentiel n'est pas de faire contre la spéculation des lois nouvelles : l'essentiel est de créer un tel régime politique, un tel régime social, que les grands spéculateurs sachent bien qu'ils ne pourront jamais bénéficier d'un moment de faiblesse, de complaisance ou de complicité ; l'essentiel est qu'ils sachent bien que les lois contre la spéculation seront toujours rigoureusement appliquées. Notre ami Rouanet a surabondamment démontré que les lois actuelles suffisaient si l'on voulait les appliquer dans toute leur rigueur et toute leur étendue (*Très bien ! très bien ! à l'extrême gauche.*)

Cette dépendance du producteur à l'égard du grand industriel, mais elle se marque aussi dans le domaine vinicole. Et, dans les régions de Bordeaux et de Champagne, dans celles des Charentes aussi, pour les eaux-de-vie, il fut un temps où certains terroirs agricoles, par leurs qualités spéciales, avaient une sorte de monopole naturel.

Le raisin du vigneron bordelais, celui du vigneron champenois, le raisin des vignerons des Charentes avaient des qualités spéciales qui leur assuraient une sorte de monopole et, par là, les vignerons avaient prise pendant une certaine période sur la fabrique ; la fabrique avait besoin d'eux et c'est ce qui fait qu'à une certaine époque, non encore très éloignée, les prix du raisin de Champagne, par exemple, ont singulièrement haussé en certaines années, parce que la fabrique se disputait le raisin des vignes et en faisait ainsi élever le prix ; mais il s'est produit, peu à peu, dans le commerce des vins de grands crûs : Bordeaux, Champagne, Bourgogne, une singulière transformation industrielle. Ce n'est pas seulement — et je ne crois pas, en le disant, manquer de patriotisme et révéler des secrets compromettants, car ils sont connus sur tous les marchés — ce n'est pas seulement avec les raisins de la région que le vin se fabrique ; de nouveaux procédés industriels ont permis de transformer le raisin d'autres régions en leur donnant la saveur et la marque spéciales du bordeaux et du champagne. Qu'en est-il résulté ? C'est que, du même coup, les fabricants élargissant leur champ d'achats, d'opérations cessaient de dépendre des petits producteurs agricoles et que ceux-ci perdaient le monopole qui se transférait, au contraire, aux grands fabricants de Bordeaux, de Champagne et de Bourgogne. Et les vignerons ne verront plus se renouveler les années heureuses. Ce sont eux maintenant qui sont subordonnés ; le monopole de la terre a fléchi ; il a disparu devant le monopole de l'industrie. (Très bien ! très bien ! à l'extrême gauche.)

Il en est de même encore pour les régions à fruits et à légumes. Vous savez bien — toutes les discussions sur l'organisation des Halles centrales l'ont assez démontré — que les producteurs du Sud-Ouest et du Sud-Est, pour leurs légumes et pour leurs fruits, sont à la merci des grandes corporations d'intermédiaires des halles.

J'ai reçu de Villeneuve-sur-Lot, des campagnes mêmes que représente notre honorable collègue M. Georges Leygues, des lettres bien curieuses et bien significatives sur l'état d'esprit d'une grande partie de la démocratie paysanne. C'étaient de braves producteurs de fruits, de légumes, de primeurs, qui les expédient et qui les vendent à Paris, qui nous écrivaient : Sur nos côteaux, la propriété paysanne est très divisée ; il y a un très grand nombre de propriétaires cultivateurs qui y vivent en vendant des légumes et des fruits et, certes, à ceux-là, nous écrivaient ces cultivateurs, il serait très imprudent, ils ne comprendraient même pas ou ils s'effrayeraient qu'on leur parlât de collectivisme.

Mais nous demandons une chose, ajoutent-ils, c'est que l'Etat organise à Paris un système central de vente pour nos légumes, pour nos fruits, afin que nous échappions à l'exploitation des intermédiaires. De sorte que lorsque nous aurons la bonne fortune d'aller porter notre doctrine à Villeneuve-sur-Lot, nous n'aurons qu'à apprendre à ces braves gens que ce qu'ils nous demandent, c'est, dans la société d'aujourd'hui, une première application, à leur profit s'entend, de l'organisation collectiviste. (*Très bien ! très bien ! à l'extrême gauche.*)

Dans tous les cas, ils constatent ainsi, pour leurs productions, la dépendance de la propriété paysanne à l'égard des grands intermédiaires industriels ou marchands.

Et s'il y a une région où il semblait que l'idée socialiste ne pût pas trouver le moindre accès, c'est, à coup sûr, cette Normandie progressive, hérissée de haies et de défiances individualistes, plus attachée que toute autre région à la propriété individuelle de la terre.

Je me rappelle que l'honorable M. Delafosse, que je regrette de ne pas voir à son banc, dans quelques-uns de ses très élégant. et vigoureux articles, écrivait il y a quelques mois : « En tout cas, nous défions bien qu'on trouve en Normandie les conditions d'un développement socialiste quelconque ».

Eh bien ! messieurs, que s'est-il produit ?

C'est qu'en Calvados la propriété foncière qui se livre à l'élevage du cheval, qui en vivait depuis des générations, dans de petits domaines, dans de petites fermes, s'est vue tout à coup menacée, de la façon la plus imprévue, par le développement du machinisme ; oui, le machinisme menace la production chevaline. (*Interruptions.*)

J'entends bien qu'il me semble, en effet, tout naturel — je crois que c'est le sens des observations de quelques-uns de nos collègues — que la force de transport emmagasinée dans le cheval puisse être précisément menacée par la force de la machine, et j'avais tort de dire que la production chevaline se voyait menacée inopinément par le développement du machinisme. Ce que je voulais dire, c'est que cette substitution possible du machinisme à la machine vivante de transport qu'est le cheval éveille des idées, fait naître un pressentiment nouveau, une inquiétude,

même dans leurs enclos bien joints. chez ces propriétaires nor
mands qu'on nous montrait absolument réfractaires à toute
conception nouvelle.

M. le comte de Saint-Quentin. — Nous ne sommes pas
réfractaires du tout.

Le citoyen Jaurès. — Monsieur de Saint-Quentin, vous
vous entendrez sur ce point avec M. Delafosse, et si vous nous
garantissez que la Normandie est disposée à venir au socialisme
j'en accepte l'augure et je vous remercie. (*Applaudissements à
l'extrême gauche.*)

Mais, je le sais, M. le président du conseil a dû recevoir une
délibération du conseil général du Calvados qui demande, à
raison du développement de l'automobilisme, que l'impôt soit
transporté des chevaux sur les automobiles. (*On rit.*)

M. Armand Porteu. — C'est très normand !

M. le vicomte de la Noue. — C'est plus normand que
socialiste ! (*Rires.*)

Le citoyen Jaurès. — On me dit que c'est plus normand
que socialiste. (*Nouveaux rires.*) C'est une interprétation nor-
mande du socialisme, et nous nous félicitons qu'il s'imprègne de
la couleur et du génie local de toutes les régions de France.

Il y a eu, messieurs, un autre point qui semblait inaccessible
à la grande industrie capitaliste : c'était, dans notre Aveyron,
les hauts plateaux du Larzac. Si on était allé dire, il y a trois ou
quatre ans seulement, à ces pâtres qui mènent paître leurs trou-
peaux sur ces grands plateaux que M. Pouvillon a si admirable-
ment décrits, si on était allé dire à ces hommes qui vivent de
l'élevage des brebis à lait, qu'ils allaient être menacés, à bref
délai, par l'exploitation capitaliste, ils se seraient demandé à
coup sûr ce que cela voulait dire, quelle était cette plaisanterie.

Que s'est-il passé ? C'est le dernier détail que je veuille donner ici, mais je crois que c'est par des détails précis qu'il faut
justifier nos affirmations générales. (*Très bien ! très bien ! à l'extrême gauche.*)

Il y avait à Roquefort, à portée de toute cette production
aveyronnaise, un certain nombre de fabriques de fromages très
renommés. Tant que ces fabriques ont été distinctes les unes des
autres, elles se faisaient naturellement concurrence ; elles se dis-
putaient le lait des brebis du Larzac, et ce lait se vendait un
assez bon prix. Mais la concentration capitaliste a agi, la ten-

dance au monopole s'est produite comme partout ailleurs. Peu à peu la plus importante de ces fabriques s'est tranformée, d'usine personnelle, en usine par actions pour pouvoir faire appel plus facilement au capital. Au moyen de ces capitaux, elle a peu à peu ruiné les autres fabriques, elle a racheté une ou deux fabriques plus tenaces, plus résistantes que les autres et, en ce moment, à l'exception d'une petite fabrique, la société anonyme de Roquefort est absolument seule...

M. Cibiel. — Il y a plus de quarante ans que la société générale de Roquefort existe.

Le citoyen Jaurès. — Ai-je dit le contraire ?

Vous m'avez vraiment bien mal compris. Je ne dis pas que la société générale des fromages de Roquefort soit de création récente. Je dis qu'à côté d'elle existaient et vivaient, depuis de longues années, d'autres fabriques qui lui faisaient concurrence, que, par des procès ou par la concurrence, ou par des ..ats, elle a trouvé moyen de s'annexer ou de supprimer peu à peu la plupart des autres fabriques concurrentes, et qu'en ce moment elle jouit d'un véritable monopole de fait dans la région aveyronnaise.

Qu'en est-il résulté ? C'est qu'il y a trois ans le prix du lait, déterminé uniquement, dans toutes les régions de l'Aveyron et sur les plateaux de Larzac, par ce monopole de fait de la société des fromages de Roquefort, a été brusquement, en une année, abaissé de 100 p. 100. Et je vous assure — j'en ai fait l'expérience, j'ai visité les régions voisines — que lorsque à ces paysans on parle maintenant de la concentration des capitaux, du monopole et de l'exploitation capitaliste, ils comprennent que là la propagande socialiste a trouvé un terrain propice où se développer. (*Applaudissements à l'extrême gauche*).

Spoliation du Paysan

Voilà donc, messieurs, que dans toutes les régions et quel que soit le mode de culture, qu'il s'agisse de la culture du blé, de la vigne, de l'élevage du bétail, de l'industrie du lait, toujours la propriété rurale se sent de plus en plus subordonnée à la puissance des grands capitaux industriels; et, de plus en plus, ce mot de propriété individuelle perd son sens et sa valeur pour la démocratie paysanne.

Ah ! oui, il y a quelque part un écrit, un titre qui constate que ce paysan est le propriétaire de cette partie de la terre de France, mais sur cette partie de la terre de France dont le paysan est le propriétaire nominal, pèse d'abord ce fardeau de l'hypothèque qui va s'aggravant tous les ans, puis ce fardeau de l'impôt, puis ce prélèvement des intermédiaires, puis cette puissance de la spéculation, puis ce prélèvement usuraire des grandes industries capitalistes qui retiennent pour elles-mêmes le meilleur du produit du travail du paysan.

Oui ! à ces paysans que, par je ne sais quelle dérision, on appelle encore des propriétaires, on laisse à ronger les vieux os de la vieille terre, mais ce sont les capitalistes qui prennent toute la substance, toute la moelle, tout le profit. Il ne reste plus que la charge pour les paysans de France. C'est là ce que vous appelez encore la propriété. (*Vifs applaudissements à l'extrême gauche.*)

Messieurs, il y a un proverbe arabe cité par les agronomes de cette Espagne méridionale où la culture avait fait de merveilleux progrès. Ce proverbe dit : «Le champ dit à son maître : Montre-moi ton ombre. »

Eh bien, si l'on voyait se projeter sur le champ des paysans de France l'ombre de tous ceux qui en sont aujourd'hui les maîtres véritables, le champ verrait s'élargir d'abord l'ombre démesurée du fisc, puis l'ombre du créancier hypothécaire, puis le profil reconnaissable du spéculateur, puis l'ombre de la grande industrie capitaliste et toutes ces ombres couvriraient si bien le domaine du paysan qu'il ne pourrait, lui, profiler sa silhouette misérable sous ce soleil qui n'éclaire plus que la spoliation du paysan. (*Nouveaux applaudissements à l'extrême gauche.*)

LA SOLUTION SOCIALISTE

Le citoyen Jaurès. — J'ai à accomplir la partie la plus difficile de ma tâche, celle où je dois indiquer quelles sont, selon nous, les solutions nécessaires. Je promets à la Chambre, en m'excusant d'avoir si longuement abusé de sa patience, de terminer le plus rapidement possible aujourd'hui.

Je veux cependant, d'abord, et je dois donner une explication préalable, si la Chambre me le permet ; une explication de parti et aussi une explication personnelle.

J'ai lu, ces jours-ci, — car j'ai le temps de lire entre les diverses parties de mon exposé (*On rit*), — j'ai lu dans divers journaux que les socialistes s'étaient épris tout récemment d'une sollicitude intéressée pour les paysans, et même un journal qui fut — s'il ne l'est encore — celui de M. le président du conseil, disait que nous nous retournions vers les paysans parce que la propagande socialiste avait complètement échoué chez les ouvriers ; il disait même que c'est l'échec prétendu de la verrerie ouvrière qui nous amenait à solliciter, par compensation, les suffrages de la démocratie paysanne.

Je tiens d'abord à rassurer sur ce point le journal de M. le président du conseil. La verrerie ouvrière vit ; elle prospère, et après le jugement qui nous a frappés pour avoir pris parti en faveur des ouvriers en grève, contre lesquels tant d'autres forces s'étaient coalisées, il me sera bien permis du haut de cette tribune de faire appel à tout le prolétariat et à tous les républicains pour qu'ils opposent à ce jugement la véritable réponse, la réponse décisive, en développant la verrerie ouvrière, en lui assurant toute la clientèle possible et tout le développement nécessaire. (*Applaudissements à l'extrême gauche.*)

Mais il est tout à fait inexact que la sollicitude du parti socialiste pour les paysans soit de date récente. J'ai à peine besoin de rappeler que le premier des socialistes français, celui auquel, un jour, M. Deschanel, s'imaginant bien à tort nous embarrasser, nous rattachait, que Babœuf a péri pour avoir posé d'abord la question sociale sous la forme d'une question agraire. Depuis, les diverses fractions du parti socialiste ont développé leur idée agraire, leur programme agricole, en maintes occasions, bien avant même qu'il y eût un parti socialiste constitué dans cette Assemblée.

Et, en ce qui me concerne, messieurs, je vous demanderai la permission de vous rappeler très brièvement une *proposition* que je faisais et quelques paroles que j'ai prononcées en 1887 à cette tribune.

J'ai entendu dire très souvent que j'avais accompli du centre gauche au socialisme d'étranges évolutions ; je ne me suis pas très ému de ce reproche, parce que j'estime, après tout, que c'est le droit d'un esprit libre de chercher la vérité.

Mais, en fait, si je faisais appel, non pas aux souvenirs superficiels de ceux qui jugent de la pensée des hommes par les bancs où ils siègent, mais aux souvenirs de ceux qui jugent de la pensée des hommes par cette pensée même, par l'inspiration dominante qui la conduit, je pourrais dire que, depuis de longues années et dès la première législature où j'ai eu l'honneur de siéger ici, c'est presque la même doctrine que j'ai défendue.

Par une curieuse rencontre que je tiens aujourd'hui à invoquer devant la démocratie paysanne et devant vous comme un titre de sincérité, la première motion que j'ai eu l'honneur, comme député, de soumettre à une Assemblée, a été une motion pour la démocratie paysanne ; et voici, en 1887, quand nos honorables collègues de droite, MM. Baucarne-Leroux et d'autres, proposaient de porter de 3 fr. à 5 fr. le droit sur les blés, voici la motion préjudicielle que je déposais :

« La Chambre, considérant que sous un régime démocratique la protection ne peut s'exercer qu'au profit du travail et que si des mesures douanières protégeant l'agriculture sont jugées nécessaires, des précautions doivent être prises pour que le bénéfice en soit assuré aux fermiers, métayers et ouvriers agricoles, invite le Gouvernement à étudier des mesures dans ce sens, notamment au point de vue de la durée des baux et du remboursement des capitaux engagés par les fermiers pour l'amélioration des cultures, et surseoit à statuer sur l'article 1er de la proposition concernant les droits de douane. » (*Très bien, très bien ! à l'extrême gauche.*)

Et j'ai soutenu cette motion dans des termes que je pourrais exactement reproduire aujourd'hui. Abordant cette question de la petite et de la grande propriété que nous discutons en ce moment, qui fait à quelques égards la force même de ce débat, j'avais l'honneur de dire à la Chambre :

« Je ne peux pas discuter sur la distribution du sol en petite, moyenne et grande propriété ; je reconnais qu'il y a là des calculs quelque peu arbitraires. Il faut se demander dans quelle proportion le sol est possédé par ceux qui le cultivent, dans quelles proportions il est possédé par ceux pour qui la terre n'est qu'un placement de fonds.

« Dans quelles proportions le sol est-il un instrument de travail, dans quelles proportions est-il un titre de rente et une source de revenus ? Voilà la véritable question, voilà la véritable façon de poser le problème ; et je dis que, si vous le posez ainsi, il n'y a qu'une réponse possible : c'est que, en y comprenant cette multitude de petites parcelles, de jardinets, de lambeaux de vignes, qui ne sont pas intéressés dans la question, il y a au plus un tiers du pays de France qui appartient à ceux qui le cultivent de leurs mains et deux tiers qui sont possédés par ceux qui ne travaillent pas le sol. » (*Applaudissements à l'extrême gauche.*)

Voilà, messieurs, en quels termes, dès cette époque, je posais le problème agricole, et, par une singulière rencontre, qui est une nouvelle bonne fortune à mes yeux, c'est mon honorable ami M. Millerand qui venait après moi soutenir cette motion : nous étions dès lors attelés à la même charrue. (*On rit.*)

Double problème

Ces explications personnelles fournies, que ferons-nous, — je veux dire que fera le parti socialiste pour guérir la crise agricole et pour résoudre la question paysanne ? Mais que ferons-nous quand nous serons les maîtres, je veux dire quand le peuple socialiste aura le pouvoir ? Car je lis depuis quelque temps, et j'entends dire et je vois bien qu'on se prépare à répéter que le parti socialiste a été impuissant, et on se prépare à demander devant le pays : Mais où donc est son œuvre ?

Vous avez oublié sans doute que nous ne sommes ici qu'une minorité, que nous n'avons en mains, depuis quatre ans, ni la force légale ni la force révolutionnaire. Or, tant que nous serons une minorité exclue du pouvoir, dénoncée par les gouvernants, frappée par les juges, tant que nous ne pourrons pas exercer une action directe sur la marche des choses publiques et sur le vote des lois, il sera quelque peu puéril de dénoncer notre impuissance, et ceux qui, nous liant les mains, nous demandent « Où est votre œuvre? » ne tromperont pas le pays. (*Très bien! très bien! à l'extrême gauche.*)

Messieurs, notre impuissance publique, elle durera probablement quelques années encore, et, s'il y a des hommes qui, pour combattre avec nous, ont besoin d'espérer la pleine victoire immédiate, qu'ils aillent avec d'autres.

Oui, il faut plusieurs années pour que la combinaison récente du cléricalisme et de l'opportunisme ait épuisé tous ses effets; il faut plusieurs années pour que la classe ouvrière, par ses syndicats, par ses coopératives, soit arrivée à une suffisante organisation et à la pleine conscience d'elle-même; il faut plusieurs années pour que les paysans soient élevés par notre propagande, et plus encore par leurs souffrances mêmes au-dessus de leurs préjugés; il faut plusieurs années pour que la jeune génération qui s'éveille en ce moment à la vie intellectuelle et qui voit, par les disgrâces répétées qui frappent les professeurs suspects d'une pensée libre, combien la liberté de la science devient suspecte aux privilégiés d'aujourd'hui (*Très bien! très bien! à l'extrême gauche*); il faut plusieurs années pour que cette jeune génération, tournant en puissance de protestation et d'action toutes ses fiertés et tous ses dégoûts, vienne apporter au socialisme l'appui de la science et de la pensée. (*Applaudissements sur les mêmes bancs.*)

Mais sans risquer ici de prophétie téméraire, et si nous en jugeons par le chemin parcouru depuis une dizaine d'années, il est probable qu'avant dix ans c'est le parti socialiste, fortifié par l'organisation croissante de la classe ouvrière et de la classe paysanne, accru de tous les éléments généreux de la science et de la pensée, il est probable que c'est le parti socialiste qui, avant dix ans, aura la responsabilité de la France. Et laissez-moi vous dire qu'à coup sûr, c'est la question paysanne, c'est le problème agricole qui sera une de ses premières, une de ses plus essentielles préoccupations.

Le problème est double. Tout d'abord, il faut remédier à la crise qui atteint dans son ensemble l'agriculture elle-même. Il faut permettre à la production agricole de se développer, de s'accroître pour suffire à une consommation qui doit s'accroître aussi. (*Très bien ! très bien ! à l'extrême gauche.*) Et, en second lieu, il faut appeler à la propriété et au bien-être tous ces travailleurs du sol, tous ces prolétaires agricoles qui en sont exclus aujourd'hui. (*Très bien ! très bien ! sur les mêmes bancs.*)

A ce double problème, il y a heureusement une solution et une solution unique : c'est la transformation profonde, je le dis, tout de suite, du régime de la propriété c'est la transformation profonde de la propriété elle-même. L'ordre socialiste aura pour premier effet d'accroître la puissance de la production agricole en accroissant d'abord la puissance économique générale de la France.

Grandeur de la France

Il y a aujourd'hui beaucoup de forces perdues dans notre pays parce qu'il y a antagonisme des classes, parce qu'il y a lutte perpétuelle, violente ou sourde, entre ceux qui possèdent et ceux qui ne possèdent pas.

M. Maurice Binder. — Grâce à vous ! (*Exclamations à l'extrême gauche.*)

Le citoyen Jaurès. — Grâce à nous, si vous voulez, monsieur Binder.

S'il vous plaît de prendre pour une cause profonde et première de l'antagonisme social cette action de quelques hommes qui n'en est, au contraire, que l'expression et l'effet, libre à vous (*Très bien ! très bien ! à l'extrême gauche*) ; mais en tous cas, quelle que soit la cause assignée par vous à ce phénomène social, vous ne pouvez pas le contester.

Il y a antagonisme et antagonisme croissant, dans l'ordre industriel, entre le grand patronat et les salariés. Il y a antagonisme naissant et qui nécessairement se développera aussi entre les ouvriers agricoles et la grande propriété oisive. Dans cet antagonisme, dans cette lutte, ce n'est pas douteux, nous sommes les premiers à le reconnaître, il y a un terrible gaspillage, une déplorable usure des énergies nationales.

Et ici, même, messieurs, cette impuissance parlementaire que vous attribuez quelquefois, permettez-moi le mot, à de puériles, à de prétendues obstructions (*Exclamations et rires au centre*) — tant pis pour vous si vous riez, messieurs ! — à de prétendus défauts du mécanisme réglementaire, cette impuissance parlementaire tient, que nous le voulions ou non, à cette lutte sociale présente à toutes nos délibérations, et avec chaque question, quelle qu'elle soit, reparaît le conflit profond, universel, des possédants et des non-possédants. Voilà ce qui surcharge, agite et paral e les Assemblées. (*Très bien ! très bien ! à l'extrême gauche.*)

Je vous demande pardon de l'extension en apparence démesurée que je donne au problème de la propriété paysanne, mais on ne peut pas isoler le problème agricole, la production paysanne, de l'ensemble de la vie économique, de la vie nationale.

Je dis que le jour où le socialisme en reconciliant, par la propriété commune des moyens de production, ces classes jusqu'ici antagonistes, en appelant tous les producteurs, tous les citoyens, non plus à se heurter en de stériles et impuissantes batailles, mais à être des associés pour la production utile et pour le travail utile de la même association nationale (*Applaudissements à l'extrême gauche*), je dis qu'alors le socialisme réalisera une prodigieuse économie des forces nationales et que la France par suite retrouvera un ressort d'action économique et un ressort d'action nationale incomparables. (*Nouveaux applaudissements sur les mêmes bancs*).

J'ai entendu tous ces jours-ci, laissez-moi vous le dire, avec une sorte d'humiliation et de colère, la comparaison instituée entre la force qu'on dit déclinante de notre pays et la force qu'on dit ascendante des autres. On nous invite à aller prendre modèle sur le développement des autres pays. Non ! si internationalistes que nous soyons, c'est dans le secret profond de notre propre histoire, c'est dans l'instinct profond de l'âme et de la conscience françaises que la France aujourd'hui doit chercher un moyen de renouvellement et de développement, et ce qui a fait la force et la grandeur de notre pays à travers les siècles, c'est sans doute un noble souci des libertés individuelles, mais c'est aussi un admirable esprit de sociabilité, une grande puissance de concentration et d'unité.

La France a été grande dans les temps passés par l'unité religieuse, puis par l'unité monarchique ; plus grande encore, il y a un siècle, par l'unité révolutionnaire. C'est par l'unité socialiste qu'elle sera grande aux siècles futurs. (*Applaudissements à l'extreme gauche.* — *Interruptions au centre*).

Je dis qu'alors ainsi unifiée, ainsi ramenée, si je puis dire, dans l'ampleur de la vie nationale à l'unité de la vie familiale, la France sera grande de triple façon ; elle le sera parce qu'ayant réalisé chez elle la justice, étant devenue un peuple de justice, elle pourra aussi au dehors et, en particulier, dans son vaste domaine colonial devenir un instrument de l'humanité et du droit.

Dans nos Colonies

Messieurs, je n'ai pas voulu surcharger mon sujet, déjà trop lourd, de la question agraire dans nos possessions coloniales; nous serons obligés d'y revenir, soit à propos du budget des colonies, soit à propos des projets de colonisation qui nous sont annoncés par l'île de Madagascar. Mais, dès maintenant, ce que nous avons le droit de dire, c'est que la question sociale, la question agraire est posée dans nos colonies, comme elle est posée en France. Elle est posée en Algérie par la lamentable expropriation des Arabes (*Très bien! à l'extreme gauche*), par la concurrence meurtrière que la main-d'œuvre arabe, avilie et incapable de se défendre, et la main-d'œuvre pénitentiaire font aux colons européens; elle y est posée aussi par la constitution, sous l'apparence de la petite propriété, d'un immense domaine foncier, — on le disait avant-hier, — d'une valeur de plus de 25 millions appartenant à une seule banque de crédit. (*Très bien très bien! à l'extreme gauche.*)

La question agraire, elle est posée aussi en Tunisie où, derrière des prospérités savamment étalées, le prolétariat le plus misérable est exproprié par l'usage savant que la finance a su faire en Tunisie de l'*Act Torrens*, comme les indigènes arabes ont été expropriés en Algérie par l'usage savant qui y a été fait du code civil. Derrière ces prospérités, il y a, en effet, en Tunisie, un prolétariat misérable et traînant ses guenilles.

La question agraire, elle est posée encore aujourd'hui et avec une singulière acuité, je le sais, dans nos colonies des Antilles où, pour la production sucrière, la grande industrie est en train de tuer peu à peu la petite et d'absorber toute la propriété du sol.

Et si nous, socialistes français, nous nous sentons à cette heure liés envers ces îles lointaines d'une particulière affection, ce n'est pas seulement parce qu'elles ont été mêlées de près, malgré la distance, à toutes les émotions et à toutes les vicissitudes de la vieille France et de la France nouvelle; ce n'est pas seulement parce qu'elles ont été un morceau de l'histoire française palpitant sous d'autres cieux, c'est parce qu'aujourd'hui, sous la force irrésistible des phénomènes économiques, elles entrent peu à peu dans le même problème social qui nous tourmente à l'heure actuelle. Et je le sais, déjà le mouvement socialiste se dessine là-bas : les premiers rayons de la pensée socialiste venus de France par delà les mers se réfléchissent en ces joyaux lointains de la patrie.

Lorsque le socialisme nous permettra, après avoir réalisé la justice sur la terre continentale, de réaliser la justice sociale et la justice agraire dans ces prolongements de la patrie qui s'appellent nos colonies lointaines, j'imagine qu'il y aura pour la France, dans le monde, un admirable surcroît de force nationale, de force morale, et, par une inévitable conséquence, de force économique et de richesse. Et alors, si cet impérialisme capitaliste anglais, qu'on célébrait tant ces jours-ci dans les journaux de France, subsiste encore, sans témérité nous pourrons opposer à la plus grande Angleterre, la plus grande France, non pas par le prolongement de l'exploitation capitaliste, mais par le prolongement de la libération humaine. (*Applaudissements à l'extrême gauche.*)

Et ainsi, messieurs, vous aurez ouvert à l'activité économique de la France, par la seule application de l'idée du droit, le champ le plus vaste et le plus fertile.

En second lieu, la nation française, unifiée par le socialisme, rendue homogène par lui, pourra, pour la première fois, protéger vraiment le travail national.

Anarchie économique

Vous ne le pouvez pas aujourd'hui ; parce que, dans l'anarchie économique présente, vous ne pouvez pas régler les inévitables répercussions des lois économiques que vous faites. Mais lorsque la France sera constituée à l'état de nationalité économique, et non plus d'anarchie économique alors elle pourra faire appel aux éléments du dehors, non pas pour écraser, mais pour seconder le travail national qui sera protégé alors vraiment pour la première fois.

Il y a dans l'ordre socialiste un troisième principe, une troisième cause de grandeur économique pour notre pays. Je constatais l'autre jour que les capitaux — et je rentre ici avec plus de précision dans le problème agricole — ne s'appliquaient pas à la fécondation du sol et du perfectionnement de la culture, et l'honorable M. Charles Ferry me suggérait une explication à laquelle j'avais bien pensé ; il me disait : « C'est parce que les capitaux ne trouvent pas dans l'emploi agricole un profit aussi large que celui qu'ils peuvent espérer dans d'autres emplois. »

Je ne connais pas de condamnation plus décisive du régime capitaliste. Ainsi il est entendu que les capitaux privés, ne connaissant d'autre loi que le dividende et le profit, se détournent des travaux d'ordre national, des travaux d'une utilité essentielle, parce qu'en ces travaux il n'y a pas les mêmes chances de bénéfice et de dividende que dans d'autres essentiellement fructueux. (*Très bien ! très bien ! à l'extrême gauche.*)

La production socialiste ne sera pas réglée par la loi des dividendes, par la loi du profit du capital privé ; elle sera réglée uniquement par l'intérêt essentiel, par l'intérêt profond de la communauté nationale ; et comme il n'y aura pas d'intérêt plus profond, d'intérêt plus essentiel que d'accroître la richesse du sol, seul le régime socialiste pourra restituer à la terre de France, dans la distribution de l'énergie nationale, la part qu'un capitalisme aveugle, égoïste et frivole lui a jusqu'ici refusée. (*Applaudissements sur les mêmes bancs*).

Voilà, messieurs, pour quelles raisons d'ordre général, je dirai pour quelles raisons de principe, le socialisme contient une productivité agricole supérieure au régime d'aujourd'hui.

Et l'on se trompe bien — c'est l'erreur commune des économistes — on se trompe bien lorsqu'on s'imagine que le socialisme ne se préoccupe que du problème de la répartition des richesses. Il estime en effet qu'elles sont aujourd'hui mal et injustement réparties, mais il se préoccupe aussi, et je dirai presque davantage de leur production. Ce qu'il reproche à votre régime, ce n'est pas seulement d'être injuste, c'est d'être stérilisant et appauvrissant (*Applaudissements à l'extrême gauche*), et nous maintenons que dans la société qui se prépare il y aura non seulement un surcroît de justice, mais un surcroît de production qui permettra d'égaliser les conditions humaines, non pas en abaissant les plus hautes au niveau des plus misérables, mais en élevant peu à peu la condition générale au niveau du bien être moyen des privilégiés d'aujourd'hui. (*Très bien ! très bien ! sur divers bancs à l'extrême gauche.*)

Réformes Immédiates

Quels sont donc les moyens gradués, quelles sont les réformes par lesquelles le socialisme prépare son avènement ? Comment peu à peu amènera-t-il les travailleurs du sol, aujourd'hui destitués de la propriété, à participer, dans la mesure même de leur travail, à la propriété, à la copropriété de la terre ?

J'ai eu l'occasion, l'autre jour, d'indiquer quelques-unes des réformes que nous demandions pour les salariés agricoles, et j'ai eu l'étonnement de lire, sous la plume d'un homme considérable qui a étudié la condition des classes ouvrières dans l'Europe entière, l'honorable M. Lavollée, j'ai eu l'étonnement de lire que j'avais commis à la base même de mon raisonnement une erreur de chiffres énorme. Comment ! écrivait-il, M. Jaurès prétend qu'il y a en France 3,500,000 prolétaires du sol, 3,500,000 salariés qui n'ont pas leur part de la propriété, et il compte sur ces masses profondes d'ouvriers du sol sans propriété pour travailler à la transformation du régime social? Mais il n'y a, disait M. Lavollée, que 750,000 travailleurs agricoles sans propriété !

Messieurs, j'ai relu la statistique de 1882, et j'y ai trouvé que les domestiques et servantes de ferme étaient à cette date au nombre de 1,954,000, que les journaliers agricoles étaient au nombre de 1,500,000 ; et, si je ne me trompe, ces deux chiffres réunis donnent bien — quoi qu'en ait dit, par une erreur inexplicable, l'honorable M. Lavollée — le chiffre de 3,500,000 que j'avais apporté à cette tribune (*Très bien ! très bien à l'extrême gauche.*)

Eh bien ! que demandons-nous pour eux ? D'abord je l'ai indiqué l'autre jour, nous demandons, en premier lieu, la représentation légale dans les conseils agricoles et la prud'hommie. Mais cela ne suffit pas ; il y a la question du salaire minimum. Je sais quelle en est la complexité. Il n'est pas possible pour toutes les branches du travail agricole et pour toutes les régions d'instituer un salaire uniforme, mais ce qui est possible, c'est d'instituer dans chaque région distincte des organismes qui permettent de régler le salaire minimum des ouvriers agricoles, de telle sorte qu'il ne descende jamais au-dessous de ce que j'appellerai le minimum d'existence honorable qui doit être aujourd'hui assuré à des hommes.

Il y a aussi la question du chômage et des précautions à prendre pour qu'il ne sévisse pas trop cruellement sur les ouvriers agricoles. Ah ! je sais bien qu'on nous dit que c'est un préjugé ; on dit qu'à la campagne ce ne sont pas les bras qui manquent de travail, que c'est le travail et la propriété qui manquent de bras. La propriété manque de bras à certaines heures de travail précipité et fiévreux, mais pendant le cours de l'année, ce sont les bras qui manquent de travail et de rémunération. (*Mouvements divers.*)

Les organisations ouvrières agricoles de la région de l'Aude, des régions viticoles, ont appelé particulièrement notre attention sur cette question du chômage ; elles nous ont soumis des propositions précises qui pourront être discutées et que je n'indique ici que comme le type approximatif des mesures qui pourraient être examinées et qui pourraient être prises. Les ouvriers agricoles des régions viticoles du Languedoc nous ont demandé, en réponse à notre enquête, d'instituer un prélèvement de 5 centimes par jour sur chaque ouvrier qui travaille, un prélèvement égal sur le propriétaire qui l'emploie, un versement égal de la commune, de constituer ainsi une caisse de chômage et d'employer les fonds ainsi recueillis soit à des travaux d'utilité communale, soit surtout — j'appelle votre attention sur cette idée — soit surtout à des travaux d'amélioration agricole au bénéfice des petits propriétaires ne disposant pas de suffisantes avances.

La pensée des ouvriers agricoles de nos régions a été de lier.

ainsi dans cette caisse de chômage l'intérêt des ouvrières agricoles qui n'ont pas de propriété du tout et l'intérêt de ces petits propriétaires qui, malgré leur apparence de propriété, sont au niveau du prolétariat rural le plus misérable.

Il y aurait aussi à étudier et à organiser la question des retraites pour les ouvriers agricoles, et laissez-moi vous dire que le principe qui jusqu'ici a dirigé dans cette question le vote de la Chambre, paraît singulièrement erroné. Vous avez décidé que le Trésor public se bornerait à compléter la retraite de ceux des travailleurs qui auraient déjà pu réaliser à leur profit un commencement de retraite et d'épargne ; cette disposition peut profiter peut-être à quelques-unes des catégories d'ouvriers industriels qui ont les hauts salaires, mais pour les ouvriers agricoles, avec le salaire réduit, presque misérable de 1 fr. 75 ou 2 fr. par jour, il est vraiment à peu près impossible de leur demander de constituer eux-mêmes ce commencement de retraite personnelle qui serait la condition de la retraite sociale.

Pourtant, il n'est pas de condition plus dure que la leur. En relisant les dossiers qui nous ont été envoyés, j'ai retrouvé cette coutume de nos régions méridionales viticoles, par exemple de la région de Gaillac, où les ouvriers agricoles vont à ce qu'on appelle la « louée ». Je ne sais pas, monsieur le ministre des travaux publics, s'il en est ainsi dans la région de l'Aude, en tout cas, c'est une coutume de nos régions de vignes dans le Tarn. Les ouvriers agricoles travaillant à la journée se rendent, avant d'aller au travail dès trois heures du matin, une heure, deux heures avant que le travail commence, sur la place du village de la petite ville, et là ils attendent que les propriétaires des environs viennent les louer.

Cette coutume a été maintenue par les propriétaires. Ils y trouvent cet avantage de pouvoir mettre en concurrence immédiate toute la main-d'œuvre du pays et de pouvoir ainsi choisir d'abord les plus robustes, puis d'abaisser les salaires des plus robustes par l'offre que les moins robustes font de leur travail au rabais. (*Exclamations au centre et à droite.*)

M. Jumel. — Quand les ouvriers ne sont pas nombreux, c'est l'inverse qui se produit.

M. le comte de Saint-Quentin. — Cette pratique existe dans toute la France, mais non dans le but indiqué par l'orateur.

Le citoyen Jaurès. — Je me heurte toujours, lorsque j'apporte ici des affirmations précises, des affirmations de fait, à la même difficulté et au même état d'esprit.

M. Jumel. — Ce n'est pas l'affirmation que nous contredisons, c'est le commentaire.

Le citoyen Jaurès. — Voilà qui est précieux. Je constate l'approbation de l'honorable M. Jumel pour la région des Landes, de l'honorable M. de Saint-Quentin pour la Normandie ; je puis y ajouter le Languedoc et d'autres régions, en sorte que mon affirmation prend la valeur d'une vérité générale applicable à l'ensemble du territoire.

M. Jumel. — A l'exception du commentaire.

Le citoyen Jaurès. — Je suis trop heureux, monsieur Jumel d'avoir votre adhésion au texte, pour la solliciter encore sur le commentaire.

M. Jumel. — Faites-moi dire tout ce que j'ai dit et non pas seulement la moitié.

Le citoyen Jaurès. — Je ne vous ai fait rien dire du tout. (*Rires et applaudissements à l'extrême gauche.*)

M. Jumel. — Je vous demande pardon,

Le citoyen Jaurès. — Vous constatez avec moi que le fait que j'indique pour nos régions du Languedoc est exact pour les Landes. M. de Saint-Quentin le déclare exact pour la Normandie, d'autres le déclarent exact pour d'autres régions ; il est donc vrai que l'embauchage des ouvriers agricoles se pratique comme je l'ai dit.

M. le comte de Saint-Quentin. — A certaines époques de l'année.

Le citoyen Jaurès. — C'est-à-dire probablement à l'époque où il y a des travaux.

M. Jumel. — Pour les vendanges.

Le citoyen Jaurès. — Il est donc entendu, sauf à discuter ensuite sur la portée du fait et sur ses conséquences sociales et législatives, il est entendu qu'aujourd'hui dans presque toute la France, et en certaines saisons, l'embauchage des ouvriers agricoles se pratique de telle manière qu'avant même les plus longues et les plus dures journées de travail, ils sont obligés de perdre près de deux heures de repos pour trouver l'emploi de leur force de travail. (*Interruptions sur divers bancs.*)

Au centre. C'est leur intérêt !

M. Ciblel. — On ne les loue pas pour un jour seulement !

M. le comte de Saint-Quentin. — L'embauchage se fait pour plusieurs semaines.

Le citoyen Jaurès. — Vous voyez bien que c'est vous qui anticipez. Vous me dites que c'est leur intérêt, qu'ils ne peuvent pas se louer autrement ; aussi ne vous ai-je pas proposé encore de supprimer ce mode d'embauchage ; mais on pourrait peut-être en tirer une autre conclusion ; c'est qu'il est probablement nécessaire, pour des journées de travail qui ne peuvent être procurées, dites-vous, que dans des conditions pareilles de fixer et un maximum de durée et un minimum de salaire (*Très bien ! très bien ! à l'extrême gauche.*)

En tout cas, puisqu'il ne s'agit plus maintenant entre nous que d'une interprétation, vous me permettrez de vous dire que celle que je vous apporte, et que je crois exacte, est l'interprétation donnée par les ouvriers agricoles eux-mêmes. J'en tirerai à nouveau cette conclusion qu'il ne suffit pas, si vous voulez connaître vraiment le fond et le tréfond de la vérité agricole dans ce pays, de consulter des statistiques mortes, des chiffres éteints qui sont là sur des pages, mais qu'il faut instituer auprès des hommes qui travaillent et pâtissent d'un bout à l'autre du territoire, cette enquête vivante que j'ai demandée, que je demande d'abord et que je demanderai comme conclusion inévitable de ce débat. (*Applaudissements sur les mêmes bancs.*)

M. Breton. — L'ouvrier agricole qui n'a pas de travail sait fort bien que les propriétaires qui se rendent à la louée y viennent parce qu'ils manquent des bras nécessaires pour leurs travaux ; ce jour-là il demande un salaire plus élevé et ce n'est que juste.

Cette coutume n'est donc pas aussi mauvaise que vous le dites ; elle est au contraire avantageuse pour l'ouvrier agricole.

Le citoyen Jaurès. — Je croyais m'être expliqué sur ce point ; je n'y insiste pas.

En ce qui touche les fermiers et les métayers, il est temps comme je l'ai déjà dit, que vous preniez parti sur la question de la plus-value, et puisque j'ai pris tout à l'heure la liberté de rappeler des paroles que je prononçais et une motion que je soutenais en 1887, vous me permettrez d'ajouter que ce que je demandais surtout, en 1887, c'était qu'on organisât rapidement le remboursement de la plus-value incorporée au sol par les fermiers et les métayers. (*Très bien ! tres bien ! à l'extrême gauche.*)

M. Ermant. — Malheureusement, il n'y a jamais de plus-value, mais des moins-values pour la valeur vénale de la terre.

Le citoyen Jaurès. — A cette époque, l'honorable M. Develle, ministre de l'agriculture, me faisait l'honneur de me répondre que c'était là, en effet, la réforme la plus urgente. J'imagine qu'il a dû se produire depuis 1887 bien des interpellations, pour que les majorités successives n'aient pas trouvé le temps de réaliser cette réforme, qu'en 1887 on déclarait indispensable. (*Applaudissements à l'extreme gauche.*)

M. Ermant. — Comme il n'y a eu que des moins-values, on n'a pas pu rembourser de plus-values.

Le citoyen Jaurès. — J'entends une objection singulière; on me dit : Comme il n'y a eu que des moins-values, on ne peut pas avoir remboursé de plus-values. On oublie de dire que ces moins-values de la propriété foncière proviennent non d'une diminution du travail des fermiers, mais de la crise agricole; on oublie qu'on ne peut pas mettre en balance une moins-value résultant de la crise et la plus-value dont je parle, incorporée par le travail et le capital du fermier. (*Applaudissements à l'extrême gauche.*)

Je me félicite de ces interruptions; j'y réponds pour qu'elles soient fixées officiellement dans nos débats.

Au moment même où, de tous côtés, on essaye de démontrer aux paysans de France la sollicitude croissante des partis, je me félicite de voir apporter ici toutes les subtilités, toutes les réserves, toutes les chicanes devant lesquelles viendront se briser les réformes (*Nouveaux applaudissements sur les mêmes bancs*) qu'on déclare en principe les plus nécessaires et les plus justes.

Quelles sont maintenant — puisque nous avons rapidement parlé des ouvriers agricoles, des métayers et des fermiers — quelles sont les réformes qui peuvent, sinon sauver, du moins aider un peu la petite propriété paysanne? Et ici, je ne me le dissimule pas, je me heurte non seulement à des difficultés pratiques, mais à de grandes questions de principe, à de grandes difficultés théoriques.

Controverses socialistes

Il y a eu sur la propriété paysanne, sur son rôle, sur les chances de survie qui lui restent, sur la mesure dans laquelle le parti socialiste doit intervenir pour la protéger, il y a eu entre les différentes fractions du parti socialiste bien des discussions et des controverses théoriques, il y a eu dans le congrès notamment de la démocratie socialiste allemande des discussions très vives sur le rôle du socialisme par rapport à la petite propriété, et je ne crains pas de faire allusion, à cette tribune française, à ces débats intérieurs de la démocratie socialiste allemande.

Autant, comme je le disais tout à l'heure, j'estime que la France doit chercher le secret de son avenir dans l'intimité de sa force nationale, autant il est évident que les problèmes sociaux, et en particulier le problème agraire, ont dès aujourd'hui, dans une partie notable du monde, un aspect international, — et nous considérons les différents partis socialistes constitués dans les diverses parties de l'Europe comme des fragments anticipés d'un parlement socialiste européen qui réalisera l'accord par la justice. (*Applaudissements à l'extrême gauche.*)

Que disaient quelques-uns des socialistes allemands, et en particulier Engel, le plus illustre, qui récemment critiquait le programme agricole d'une fraction de notre parti? Ils disaient qu'il était peut-être contradictoire au parti socialiste, qui ne pourra réaliser pleinement son idée que par le travail collectif et la propriété collective, de prolonger artificiellement par la loi l'existence de cette propriété morcelée et impuissante qu'est la propriété paysanne.

A quoi nous répondons — et il a été déjà répondu — qu'entre la grande propriété et la petite propriété paysanne il n'y a pas seulement une différence de surface et de degré, mais, en quelque mesure, une différence de nature, l'une étant une forme du capital, l'autre une forme du travail.

Mais il est vrai qu'il ne suffit pas, pour justifier dans l'ordre socialiste la persistance de la propriété paysanne, de dire qu'elle est un instrument de travail, car, pour durer, la propriété paysanne a besoin de n'être pas détruite par les conditions nouvelles du marché universel, pour lequel maintenant elle est obligée de produire. Il est parfaitement vrai — nous le reconnaissons — que, même si elle subsistait, la propriété paysanne serait obligée de se transformer dans le régime socialis », car c'est la communauté nationale qui achètera les produits ; par conséquent, la petite propriété paysanne ne sera pas dans le même rapport avec le marché qu'elle est à l'heure actuelle.

Le reproche le plus grave qui nous ait été adressé, ou plutôt le péril le plus grave que nous puissions courir, en intervenant par la loi au profit de la petite propriété paysanne, ce serait de lui donner l'illusion qu'elle peut, même ainsi protégée, indéfiniment se prolonger et indéfiniment durer ; ce serait aussi d'assumer pour nous jusque dans l'ordre capitaliste, l'insuffisance forcée des remèdes que nous ne pouvons pas maintenant appliquer souverainement à la crise agricole et aux souffrances des paysans. Mais les paysans savent bien — et nous ne nous lassons de répéter pour les travailleurs des champs comme pour les travailleurs industriels — que, tant que subsistera le régime capitaliste, il peut y avoir des palliatifs, il ne peut pas y avoir de remède et de guérison. (*Très bien ! à l'extrême gauche.*)

De plus, l'intervention même de la puissance sociale et de la communauté nationale, sinon pour les sauver, au moins pour atténuer leurs souffrances, cette intervention même rappelle aux paysans individualistes que leur existence ne peut être prolongée, même aujourd'hui, que par une intervention de la puissance sociale. Et par là, même en se prolongeant, la propriété paysanne sera nécessairement pénétrée peu à peu de cet esprit socialiste qui préparera d'ultérieures et plus profondes transformations.

Le service militaire

Quelles sont donc dès aujourd'hui et sous cette réserve les réformes que nous pouvons apporter aux petits propriétaires cultivateurs ? La première, — on l'a déjà dit à satiété, et nous le redirons jusqu'à ce que justice ait été rendue, — la première, c'est la réduction pour les paysans du service militaire à la même durée que pour les diplômés et les favorisés de la bourgeoisie. (*Applaudissements à l'extrême gauche.*)

M. Quintaa. — Une proposition de loi a déjà été déposée à ce sujet.

Le citoyen Jaurès. — Voilà pourquoi nous ne cesserons de dire que puisque les bacheliers, puisque les licenciés, puisque tous ceux qui ont passé, comme on disait dans les temps anciens, par l'ombre des écoles, puisque tous ceux-là sont capables d'acquérir en un an la pratique de leur métier de soldats, de leurs métier de Français armés, à coup sûr, dans cette démocratie paysanne avisée et robuste, il y a assez de ressources d'esprit et de volonté pour faire des soldats et de bons soldats dans le même temps que les fils de la bourgeoisie capitaliste. (*Très bien! très bien! sur les mêmes bancs.*)

L'impôt foncier

Il y a une autre réforme, toujours promise aussi, surtout celle-là, et toujours ajournée : c'est la réforme de l'impôt.

Oh! je sais bien, et je regrette que M. le président du conseil, qui s'est fait d'ailleurs représenter... (*Mouvements divers.*)

Messieurs, M. le président du conseil m'a prévenu très courtoisement — et je l'en remercie — qu'il ne pourrait assister à cette séance et qu'il prierait M. le ministre des travaux publics de le représenter. Il n'y a donc pas l'ombre d'un reproche dans mes paroles ; mais je dis que je regrette que M. le président du conseil ne soit pas là. J'aurais voulu de nouveau parler avec lui, et avant lundi, de cette question des réformes fiscales. Je le sais bien, elles sont à l'ordre du jour...

A l'extrême gauche. Elles y sont toujours !

Le citoyen Jaurès. — Lundi, nous déciderons que les paysans de France recevront un grand cadeau : les 25 millions qu'ils payaient à l'Etat, ils ne les payeront plus à l'Etat, mais ils les payeront aux communes ! (*Rires à l'extrême gauche.*) Et le dégrèvement sera accompli !

Messieurs nous avions demandé pour eux autre chose : nous avions demandé la suppression complète de l'impôt foncier. A l'heure présente, le paysan endetté ne peut plus supporter la moindre parcelle de cet impôt. Savez-vous pourquoi nous en avions demandé la suppression complète ? C'est parce que, à notre sens, il est inexact de dire que la grande propriété seule en bénéficierait ; je crois qu'aujourd'hui, dans l'état d'esprit nouveau qui commence à se faire jour, les fermiers et les métayers sauraient s'entendre pour réclamer pour eux-mêmes le bénéfice de ce dégrèvement.

Nous l'avons proposé à maintes reprises, nous l'avions proposé dans un amendement qui a obtenu un moment la majorité dans cette Chambre. Mais les amendements socialistes sont plus éphémères que les plus éphémères des créatures ; à peine sont-ils adoptés par la majorité que les gouvernements interviennent, et nous vivons ce que vivent les roses, l'espace d'un matin, pas même l'espace d'un matin.

M. Armand Porteu. — L'espace d'un scrutin. (*On rit.*)

Le citoyen Jaurès. — Quoi qu'il en soit, je crois que cet amendement-là refleurira ; je crois que vous serez obligés d'y donner satisfaction, et en tous cas ces paysans de France, dont la vertu première est la ténacité, reconnaîtront, je l'espère, que nous avons, nous, pour les défendre à ce point, une ténacité égale et, par là, du moins, nous serons des paysans authentiques. (*Applaudissements à l'extrême gauche.*)

La Dette Paysanne

Messieurs, il y a une autre question. Après le service militaire, après l'impôt, il y a la dette et la dette sous toutes ses formes : la dette hypothécaire qu'à la rigueur on pourrait connaître et la dette chirographaire qui, probablement, est plus lourde pour le petit paysan, tout au moins aussi lourde que la dette hypothécaire.

Eh bien! si vous voulez que les paysans puissent vivre, — c'est, je le crois, pour eux une question de vie ou de mort, — il faut que la nation consente à un sacrifice, il faut qu'elle prenne à sa charge une partie au moins de la dette sous laquelle succombent les petits propriétaires.

J'entends par là que non pas pour la grande propriété, non pas pour la propriété dont le détenteur ne cultive pas lui-même le sol, mais pour le petit propriétaire paysan, il faut que vous transformiez sa dette hypothécaire ou chirographaire en une créance d'Etat pour laquelle vous lui demanderez un intérêt inférieur à celui qu'il paye aujourd'hui ; il faut que l'Etat se substitue aux créanciers actuels du paysan et qu'au lieu de lui demander 4, 5 et 6 0/0, comme le font les créanciers d'aujourd'-il lui demande un intérêt moindre, comblant la différence, je le répète, par un sacrifice que la nation doit se consentir à elle-même, si elle juge, en effet, que la propriété paysanne est un élément nécessaire de sa vitalité.

Et puis, il y a toutes les réformes par lesquelles vous permettrez peu à peu à la petite propriété paysanne isolée et sans capitaux d'adopter les grands moyens perfectionnés de culture. Nous les avons indiqués avec précision, nous avons demandé, par exemple, — M. Castelin avait formulé cette proposition il y a quelques mois à peine, — nous avons demandé, dis-je, que les communes soient autorisées à acheter les grands outillages agricoles et à les louer à prix de revient aux petits propriétaires-cultivateurs : la Chambre a repoussé cette motion.

Un membre à droite. — C'est bien dommage !

Le citoyen Jaurès. — Vous dites que c'est bien dommage, mon cher collègue, et vous paraissez trouver tout naturel que la Chambre ait écarté cette proposition. Je cherche en vain, pour mon compte, par quelle raison elle peut justifier ce vote. Il me semble, — je le répète, jusqu'à la lassitude de tous — que c'est vous qui devriez vous préoccuper le plus de concilier avec les nécessités nouvelles du grand développement du progrès agricole l'existence de cette propriété paysanne qui est pour vous, dans la tempête que vous avez prévue, l'ancre de salut ; et toutes les fois qu'on apporte une proposition pratique, précise, sensée, qui pourrait sauver les paysans, en les constituant en associations et en leur apportant la force et la richesse de la puissance publique, c'est vous qui vous y opposez! Cela veut dire que c'est vous-mêmes qui voulez vous perdre et porter sur vous mêmes la définitive condamnation. *(Très bien! très bien ! à l'extrême gauche.)*

Voilà l'ensemble des réformes premières qui, pour les ouvriers agricoles, pour les métayers et les fermiers, pour les petits propriétaires paysans, pourraient être discutées et votées ici. Et, si elles étaient adoptées, messieurs, si les ouvriers agricoles étaient protégés dans leurs salaires par une loi qui en fixe le minimum, s'ils étaient protégés contre le chômage, contre l'invalidité de la vieillesse, si le fermier et le métayer pouvaient réclamer la plus-value incorporée par eux au sol, si les petits propriétaires paysans étaient déchargés de l'impôt, d'une partie de la dette, organisés par le travail collectif, par le grand outillage, et si, en même temps, par un progrès parallèle, les ouvriers des villes, organisés, participaient peu à peu à ces mesures protectrices à la direction de la grande industrie, alors peut être la grande transformation sociale qui s'annonce pourrait s'ac complir sans secousse, sans émoi, alors peut-être entre la classe ouvrière et paysanne enfin libérée d'une partie de ses charges, enfin organisée par les progrès nouveaux, et la classe capitaliste et propriétaire, pourrait intervenir une sorte de transaction. J'entends par là que la classe ouvrière et paysanne organisée pourrait demander à la classe capitaliste et propriétaire d'abandonner au travailleur le capital et la propriété, moyennant un ensemble de garanties transitoires, de dédommagements et de compensations, et il se produirait ainsi une sorte de transformation pacifique et de révolution amiable.

Mais, messieurs, nous serions bien coupables envers la démocratie ouvrière comme envers la démocratie paysanne si nous lui laissions espérer que par la seule complaisance des majorités qui se succèdent, par le seul mécanisme de la force ou de la faiblesse parlementaire qui évolue sans résultat depuis près de dix ans, ils pourront arriver à cette grande transformation. Oui ! nous serions bien imprudents et bien coupables, car il n'y a rien dans les faits, depuis trois ou quatre ans, qui justifie cet optimisme.

Les jeunes Machiavels !

On a pu croire un moment, quand on a vu arriver aux affaires des hommes nouveaux, des hommes jeunes — je parle de tous ceux qui font escorte à M. le président du conseil ; je parle aussi de ceux qui étaient arrivés au pouvoir dans les gouvernements antérieurs — on pouvait supposer, quand on a vu surgir tous ces hommes nouveaux, tous ces hommes jeunes : et les Turrel, les Poincaré, et les Barthou et les Burdeau ; et, à côté d'eux, sur la marge incertaine du pouvoir, M. Deschanel (*Rires à l'extrême gauche*), et M. Dupuy aussi, qui n'a plus l'air d'un jeune, tant il est vieilli par toutes ses lois de réaction (*Applaudissements sur les mêmes bancs*), on a pu croire que tous ces hommes nouveaux allaient inaugurer une politique nouvelle et plus hardie et qu'ils tâcheraient, si je puis dire, de justifier leur grandeur subite devant la démocratie par la hardiesse de leur pensée et la décision de leurs actes.

Ah ! messieurs, ils avaient profité d'une singulière bonne fortune. Il était passé sur tous leurs aînés un ouragan qui les avait déracinés et emportés. (*Mouvements divers.*) Et nous, oui, nous avons pris notre part à ce qu'on a appelé l'œuvre de scandale, mais du moins si nous en espérions pour nos idées, pour notre cause dans l'avenir, pour le triomphe de l'idée socialiste elle-même, quelque bénéfice par la constatation des corruptions recélées dans toutes les cellules de la société d'aujourd'hui, du moins nous n'en espérions pas le bénéfice immédiat et personnel du pouvoir. (*Applaudissements à l'extrême gauche.*)

Mais à côté de nous, qui livrions hautement cette bataille âpre, violente, mais désintéressée, il y avait d'autres hommes, les jeunes du parti modéré qui eux, ne se compromettaient pas, mais qui nous félicitaient tout doucement, par de discrets sourires, de cette besogne de démolition qui déblayait le terrain où ils espéraient bien édifier leur propre fortune. (*Rires et applaudissements à l'extrême gauche.*)

Ah! ils n'avaient pas la charge, ils n'avaient pas la responsabilité, ils ne portaient pas les coups, ils n'en recevaient pas non plus : ils suivaient les armées en bataille pour recueillir les dépouilles et ils disaient : « Vite et tout! » C'est-à-dire vite le pouvoir et tout le pouvoir. (*Applaudissements à l'extrême gauche.*)

M. Paul Deschanel. — Il y a des hommes auxquels ce langage ne s'adresse pas.

M. Dejeante. — Alors pourquoi y répondez-vous?

Le citoyen Jaurès. — Monsieur Deschanel, je suis pleinement de votre avis, mais vous me permettrez bien, puisque votre interruption a mis en lumière une partie de votre pensée, de faire apparaître l'autre qui est à peine dans l'ombre, et qui signifie qu'il y en a d'autres auxquels ce langage s'adresse. (*Applaudissements à l'extrême gauche.*)

Eh bien! je dis que quand des hommes jeunes sont arrivés au pouvoir dans des conditions pareilles, quand ils ont bénéficié des longs efforts de la démocratie et de l'éclipse — peut-être aidée par eux — des anciens qui étaient des rivaux, je dis qu'il fallait du moins justifier cette fortune subite des jeunes Machiavels de la bourgeoisie fatiguée... (*Nouveaux applaudissements et rires sur les mêmes bancs.*)

M. Renou. — Vous faites injure à Machiavel!

Le citoyen Jaurès. — ... Je dis qu'il fallait au moins justifier cette fortune subite par l'audace des conceptions sociales, par la générosité des entreprises et des réformes. Et alors le peuple ne se serait pas demandé par quel marchepied vous étiez monté au pouvoir : il aurait vu seulement quel usage vous en auriez fait.

Eh bien ! où est votre bilan, à vous, jeunes gens impatients, jeunes gens arrivés, et je vous dirais presque figuiers stériles de l'Evangile, si je ne craignais de vous rappeler le père Ollivier ? (*Rires et applaudissements à l'extrême gauche.*)

Où est votre œuvre ? Où est le produit de votre effort ? Qu'avez-vous fait pour l'ouvrier, pour le paysan ? Et si vous aviez essayé quelque chose, qu'auriez-vous pu faire ?

Impuissance Parlementaire

Un des vôtres, un moment, a pensé qu'il fallait introduire dans nos lois fiscales, justement dans l'intérêt de la démocratie paysanne, un commencement léger de réformes, et il a proposé que les droits de mutation par décès sur les petits héritages, c'est-à-dire en particulier sur cette petite propriété paysanne à laquelle vous témoignez tant de verbale sollicitude, fussent dégrevés. Mais quoi ! n'était-ce pas le commencement de l'impôt progressif ? La majorité a voté ici, parce qu'un ministre le proposait ; mais de l'autre côté, au Luxembourg...

Une voix. Ce ne sont plus des jeunes ?

Le citoyen Jaurès. — Ce sont des vieux, oui, mais ils savent qu'en rejetant tout ils font surtout plaisir aux jeunes. (*Applaudissements et rires à l'extrême gauche et sur plusieurs bancs à gauche.*)

Il y a là-bas une commission de dix-huit membres chargée d'examiner la proposition de M. Poincaré devenue une loi votée par la Chambre, dix-huit qui sont contraires au projet de loi et qui dénoncent et qui écrasent ce monstre naissant de l'impôt progressif.

Donc, j'ai le droit de le dire, nous serions bien aveugles et bien coupables si nous laissions croire à la démocratie paysanne comme à la démocratie ouvrière que, par la seule évolution tranquille et placide de ce régime impuissant, elle obtiendra la libération, le bien-être, la propriété. La vérité, c'est que, dans toutes ses tentatives d'évasion, elle se heurte à de lourdes portes de fer, portes de prison verrouillées, pesantes, que le jeu de notre mécanisme quotidien ne suffira pas probablement à ouvrir. (*Très bien! très bien ! à l'extrême gauche.*) Et alors notre souci, à nous, c'est de constituer la démocratie paysanne comme la démocratie ouvrière, peu à peu, en un tel système de force qu'elle pèse irrésistiblemnt dans le sens des réformes sur les pouvoirs publics, et qu'elle leur arrache ce que jamais d'elle-même leur bonne volonté ne consentirait. (*Applaudissements à l'extrême gauche.*)

Organisation en Syndicats

Le citoyen Jaurès. — Le premier souci qui s'impose, donc aux travailleurs du sol, aux prolétaires du sol, petits fermiers, métayers, ouvriers agricoles, petits propriétaires écrasés par l'impôt et par la dette, le premier souci qui s'impose à eux s'ils veulent, malgré les résistances des classes dirigeantes, malgré l'inertie involontaire ou calculée du pouvoir parlementaire, obtenir d'abord quelques réformes préliminaires et ensuite la transformation à leur profit de la propriété dont ils sont exclus, c'est de devenir une force, une force irrésistible, et ils le peuvent par deux moyens.

D'abord, en s'organisant eux aussi, selon l'exemple que leur ont donné les ouvriers des villes, en syndicats. Et là, les grands propriétaires terriens leur ont donné l'exemple. La plupart des syndicats agricoles qui se sont constitués — je dis « la plupart » pour ne pas soulever de contradiction — relèvent de l'influence de l'action de la grande propriété. Au contraire, les travailleurs du sol ne se sont presque pas syndiqués jusqu'à aujourd'hui.

Je sais bien que cela leur est malaisé. Je sais d'abord qu'ils sont disséminés, qu'il leur est plus difficile de se concerter qu'aux ouvriers des villes, et que dans un rayon restreint ils sont, plus encore que l'ouvrier, à la merci de ceux qui disposent du travail. Je sais aussi qu'il y a quelques années, lorsque les ouvriers agricoles, en particulier les ouvriers les plus misérables, songèrent à se syndiquer pour obtenir des améliorations de salaires, une guerre acharnée leur fut faite par ce que j'appellerai le patronat terrien.

Lorsque les ouvriers bûcherons du Cher, il y a trois ans, se mirent en grève et se syndiquèrent, tous les efforts furent mis en œuvre pour dissoudre ce syndicat.

M. Pajot. — Et on y a réussi.

Le citoyen Jaurès. — Oui, on y a malheureusement réussi.

Il y a cinq ans, lorsque d'autres ouvriers forestiers, les ouvriers de l'Yonne, entreprirent aussi une lutte commune en vue de relever leurs salaires lamentablement abaissés, les patrons, les adjudicataires et les propriétaires des forêts se coalisèrent, par la coalition la plus redoutable, pour faire échouer la grève et pour briser ensuite le syndicat qui l'avait soutenue ; les patrons forestiers contractèrent même les uns envers les autres un singulier engagement qui ressemble à une sorte de contrainte bien plus que les vagues menaces qu'on relève dans les grèves d'ouvriers à ouvriers : ils s'engagèrent par contrat à payer 3,000 fr. d'amende s'ils employaient un seul des ouvriers grévistes avant que la grève fût terminée à la satisfaction de tous les patrons.

Et devant toutes ces résistances, devant tous ces inimitiés de la grande propriété terriennne aussi hostile aux syndicats que l'est la grande propriété industrielle, mais plus puissante encore que celle-ci, jusqu'ici ni dans les Landes parmi les ouvriers résiniers, ni dans le Nord parmi les ouvriers des régions betteravières du Nord, de la Somme et du Pas-de-Calais, ni dans le Languedoc et la Bourgogne parmi les ouvriers vignerons, ni parmi les bûcherons du Centre, l'organisation ouvrière n'a pu s'installer et fonctionner.

Eh bien ! il est temps, si les ouvriers du sol veulent être défendus utilement, même ici, qu'ils commencent à se défendre eux-mêmes en s'organisant. Et, après tout, puisque le développement des grandes villes et de la grande industrie appelle en effet un assez grand nombre de bras dans les villes, il faut que les ouvriers du sol profitent du besoin que l'on a d'eux pour s'organiser, pour créer des syndicats, pour défendre leurs salaires et pour se préparer un bien-être supérieur.

L'exemple en a été donné utilement par les ouvriers agricoles des autres pays.

Dans les campagnes de l'Italie septentrionale, les ouvriers agricoles se sont organisés en associations permanentes. En Sicile, les organisations des *fasci* ont mis un moment en échec la puissance réactionnaire de M. Crispi. Et en ce moment même, par une des plus curieuses surprises de l'histoire économique et par une des plus significatives leçons que les ouvriers de France puissent recevoir des ouvriers agricoles d'un autre pays, c'est en Hongrie, dans ce pays de toute-puissance féodale et de grande propriété aristocratique, que pour la première fois les ouvriers agricoles, les ouvriers moissonneurs se coalisent pour obtenir le relèvement des salaires !

Et devant cette force des ouvriers agricoles groupés, le gouvernement a été ému d'une telle crainte qu'il a mobilisé une armée pour veiller d'office aux travaux de la moisson, et, malgré tout, c'est à un relèvement au moins partiel des salaires que, dans la région de l'Arlberg, ont abouti en se syndiquant, en s'organisant, les ouvriers moissonneurs, les ouvriers du sol.

Je le répète, quelles que soient les difficultés auxquelles ils se heurtent, ils ne faut pas que les ouvriers agricoles de France laissent seulement à la grande propriété le bénéfice de la force de l'association. Oui, dans leurs comices, dans leurs syndicats, dans leurs grandes coopératives, les propriétaires grands, ou moyens se groupent, et nous ne nous en plaignons pas ; mais il faut que, pour faire équilibre à cette force du patronat terrien organisée, les travailleurs du sol s'organisent aujourd'hui. Et voilà pourquoi nous avons le droit de leur dire que la première condition d'émancipation et de force pour eux et pour ceux qui luttent en leur nom, c'est qu'ils instituent des syndicats d'ouvriers agricoles et qu'ils organisent le prolétariat du sol sur le modèle du prolétariat industriel. (*Applaudissements à l'extrême gauche.*)

Union avec les Ouvriers

Il y a une autre condition de succès pour eux, c'est que la classe paysanne se rapproche de plus en plus par la pensée et par l'action de la classe ouvrière.

Ah ! depuis longtemps la tactique des ennemis communs du prolétariat paysan et ouvrier a été de les diviser et de les armer l'un contre l'autre. Je ne discute pas maintenant — je crois qu'il est inutile de les discuter — les légendes misérables et ridicules par lesquelles on a représenté longtemps aux paysans les ouvriers des villes comme des pillards et des partageux qui viendraient prendre la moisson péniblement produite par le travail paysan. Je ne discute pas ces choses ; je ne crois pas qu'il se trouve, même parmi nos ennemis les plus violents ou les plus perfides, quelqu'un qui ose encore aller dans les campagnes colporter une

semblable accusation. Les travailleurs des champs savent maintenant que les ouvriers des villes réclament non pas une partie
du travail du paysan, qui est sacré pour eux, mais la partie de
leur propre travail à eux qui leur est enlevée par l'exploitation
capitaliste.

Que demandent les mineurs, les verriers, les métallurgistes,
les tisserands, les ouvriers filateurs? Veulent-ils sortant de leurs
usines, se répandre sur les champs et piller la vigne ou le champ
de blé du paysan? Non! Ils demandent à n'être pas pillés eux-
mêmes par le prélèvement des dividendes, et lorsqu'ils auront
retrouvé la totalité du produit de leur travail, ils seront trop
heureux de laisser au paysan ou plutôt de restituer au paysan la
totalité du produit de son travail qu'il ne perçoit pas non plus à
l'heure actuelle. (*Applaudissements à l'extreme gauche.*)

Il est si vrai qu'il n'y a là qu'une misérable tactique dès
maintenant abandonnée, que vous pouvez constater — c'est
une chose curieuse — qu'il y a un siècle c'est la défiance inverse
que l'on a essayé d'exciter pour empêcher la justice de s'accomplir au profit des paysans.

Oui, lorsque la question du partage des biens nationaux, des
biens des émigrés, des nobles et des prêtres fut posée devant la
Révolution française, on eut la pensée de distribuer aux paysans
une portion au moins considérable de ces biens nationaux. Et
alors que dirent les agioteurs, les spéculateurs, qui voulaient
réserver pour eux-mêmes, pour des achats faciles et illicites, le
bénéfice de ces biens nationaux? Ils allèrent, disant aux ouvriers
des villes : Mais si on répartit entre les paysans les biens nationaux, les anciens domaines des émigrés, des nobles et des
prêtres, qu'auriez-vous, vous autres ouvriers? C'est vous qui
serez volés au profit du paysan!

Et ainsi, tandis qu'aujourd'hui, pour maintenir sur le paysan
et l'ouvrier divisés la suprématie de la puissance capitaliste et
de la grande propriété, on essaye d'exciter contre l'ouvrier
la défiance du paysan, il y a un siècle, c'est la défiance de l'ouvrier qu'on essayait d'exciter contre le paysan pour transmettre
à une aristocratie financière les biens qu'on venait à peine d'arracher à l'aristocratie nobiliaire. (*Applaudissements à l'extreme
gauche.*)

C'est donc la même et éternelle tactique ; mais dès aujour-
d'hui percée à jour, et les paysans savent et sauront de plus en

plus, à mesure qu'ils réfléchiront à ces choses, qu'ils ne peuvent rien s'ils se s'unissent pleinement de cœur de pensée, d'action à la classe ouvrière.

La Loi de l'Histoire

C'est la loi de l'histoire que jamais, depuis l'origine des temps, la classe paysanne, quelles que fussent sa force et sa prépondérance économique, n'a pu toute seule accomplir un grand mouvement historique et social.

Dans les temps les plus reculés de l'humanité historique si vous cherchez d'un regard l'histoire des populations aryennes, vous voyez qu'elles n'ont jamais pu s'affranchir sur les hauts plateaux de l'Iran du joug des races conquérantes par leur seul effort. Elles se groupaient autour de ces artisans industriels qui représentaient pour la population agricole forcément disséminée, et par suite impuissante, le point de ralliement, le centre d'action commun et de revendications. Et voilà pourquoi dans les histoires à demi légendaires des premières populations iraniennes, c'était autour du forgeron comme plus tard en Angleterre aux quatorzième et quinzième siècles, dans les grandes mouvements, les ouvriers agricoles se précipitaient vers Londres, c'était autour du forgeron, c'est-à-dire autour de l'artisan qui, au foyer de sa forge rapprochait, fondait en un seul bloc toutes ces forces paysannes dispersées, que ces forces se groupaient nécessairement pour les revendications et le combat.

Et plus tard, dans l'histoire classique des mouvements agricoles de la Rome ancienne, vous savez, au jugement et à la découverte des historiens de génie tels que Mommsen et Michelet, vous savez que, lorsque son aîné eut échoué dans sa première revendication agraire, parce qu'il n'avait fait appel qu'aux prolétaires du sol, le coup de génie du second des Gracques fut d'intéresser à la réforme agraire contre le vieux patriciat la classe nouvelle des chevaliers. Et il aboutit un moment parce que la classe paysanne avait trouvé sur une autre classe son point d'appui nécessaire.

Dans notre histoire française, c'est le même phénomène, c'est la même loi. Dans les temps troublés de l'invasion et de la guerre sociale, ce sont les Jacques soulevés en une émeute prématurée et impuissante qui n'ont eu un moment une chance passagère de succès que lorsqu'ils essayèrent, sous les murs de Paris, de donner la main à la bourgeoisie révolutionnaire et à Etienne Marcel. C'est alors seulement qu'il y eut quelque chance de victoire paysanne sous la lourde domination du moyen âge.

En 1789, malgré leurs efforts et le mouvement spontané qui d'un bout à l'autre du territoire les souleva, lorsque le signal d'émancipation fut donné par les premières déclarations de l'Assemblée nationale, les paysans auraient été impuissants si, à côté d'eux, il n'y avait pas eu la force bourgeoise déjà organisée, qui était alors une force révolutionnaire qui émancipait les paysans parce qu'elle ne pouvait pas s'émanciper elle-même sans briser les chaînes qui les rattachaient les uns et les autres au même système féodal. Et c'est parce que la bourgeoisie, aujourd'hui en possession du sol, a compris cette loi de l'histoire ; c'est parce qu'elle sait, par ses maîtres, par ses historiens, par ses économistes, par ses juristes, que la classe paysanne isolée a toujours été réduite à l'impuissance, c'est pour cela que, depuis un siècle, elle a essayé de parquer la classe paysanne dans son isolement, de lui faire peur de l'ouvrier des villes, qu'elle a promené, en 1848, le spectre du partage et du pillage à travers tous les champs de France afin de la précipiter par la terreur aux bras d'un césarisme clérical préparé d'avance. (*Applaudissements à l'extrême gauche.*)

Oui ! mais aussi ce que la bourgeoisie sait, les paysans aujourd'hui commencent à le savoir, et de même que dans le passé ils n'ont pu être affranchis que par le concours des classes voisines, qui avaient avec eux une rencontre momentanée d'intérêts, de même aujourd'hui ils savent bien qu'ils ne pourront être affranchis qu'en concertant leur mouvement avec celui de la classe ouvrière, qui, elle, n'a pas avec la classe paysanne une rencontre passagère d'intérêt, mais une rencontre durable, une rencontre, éternelle, puisque c'est la souveraineté du même droit, la supériorité de la même force, la force du travail, qu'il soit paysan ou ouvrier, qui sera proclamée souverainement par l'union des uns et des autres ! (*Applaudissements à l'extrême gauche.*)

Donc, voilà la deuxième condition de force ; la classe paysanne organisée dans ses éléments ouvriers en syndicats, unie à la classe ouvrière et industrielle, pourra promulguer enfin, et orga-

niser, et arracher à la mauvaise volonté des dirigeants un ordre
nouveau. Lequel, messieurs?

L'Idée socialiste

J'ai lu depuis quelques jours, dans vos journaux, dans vos
revues, de singuliers défis et de singulières curiosités. Il en est
qui m'ont défié, avec une ironie un peu basse, d'apporter ici
pour la guérison des souffrances paysannes une grande nouveauté.

Messieurs, si j'étais capable — et je ne le suis point — d'apporter ici une grande nouveauté, je crois bien que je m'en gar-
derais. Il y a aujourd'hui dans le monde — je dis à dessein :
dans le monde — un parti socialiste, une idée socialiste. A coup
sûr ce parti est d'esprit libre, toujours attentif aux mouvements
de la réalité, toujours prêt à reviser sous la leçon des faits ses
formules même essentielles. Mais enfin depuis un siècle de
recherches intellectuelles et de luttes ouvrières, il a abouti à une
conception générale, et il n'a pas lieu jusqu'ici de la tenir pour
incomplète ou pour insuffisante.

Le socialisme universel affirme à l'heure actuelle que pour
émanciper les travailleurs il n'y a aujourd'hui qu'une solution,
oh! blessante pour beaucoup d'intérêts, troublante pour beaucoup de préjugés, pénible même à beaucoup de bonnes volontés
hésitantes, pénible peut-être à ceux qui dans la lutte purement
politique sont nos voisins de combat, mais qui sont séparés de
nous par certaines conceptions économiques fondamentales. Oui,
il y a une conception commune à laquelle ont abouti les socialistes de toutes les écoles et de tous les pays : c'est qu'il n'y a
qu'un moyen de libérer le prolétariat; c'est, partout où il y a
divorce, où il y a séparation de la propriété et du travail, de
remplacer ce qu'on appelle le capital, c'est-à-dire la propriété
privée des moyens de production, par la propriété sociale commune ou collectiviste des moyens de production. Et sans faiblesse, sans hésitation, sachant bien que cette formule générale
saura bien dans son unité s'adapter à la diversité des conditions
économiques, nous la proclamons pour le monde paysan comme
pour le monde industriel. (*Applaudissements à l'extrême gauche.*)

Et nous ne pouvons pas ne pas la proclamer. Elle est, je le
répète, le résultat de tout un siècle d'efforts intellectuels et de

combats ouvriers. Pour y aboutir, il a fallu que l'expérience, que la dure réalité brisât tous les systèmes intermédiaires, tous les systèmes transactionnels où s'essayait timidement la bonne foi des réformateurs.

Les saint-simoniens avaient imaginé que pour assurer la prédominance du travail il suffirait de transférer de la classe noble et militaire, c'est-à-dire, à leurs yeux, de la classe oisive, à la classe industrielle, la propriété et le pouvoir. Et dans la classe industrielle ils ne distinguaient pas le capital et le travail ; mais dans l'intérieur de cette classe industrielle que le saint-simonisme n'a regardée et n'a jugée qu'en bloc, le développement économique a produit une scission entre le capital et le salariat, et la solution saint-simonienne a été brisée par le mouvement même des choses.

De même, Fourier avait imaginé de guérir les souffrances et les laideurs de cette société qu'il voulait transformer par les prodiges de son imagination créatrice : il avait imaginé de guérir ces souffrances et ces laideurs par ces associations spontanées qui s'enchaîneraient dans des harmonies merveilleuses. Et voici que ce sont d'abord les seules associations du capital qui se sont produites, et que là où Fourier voyait une association suprême d'harmonie et de libération il s'est touvé qu'il y avait simplement un moyen de force pour la seule puissance capitaliste elle-même.

Et, de même, lorsque Proudhon, pour sauver la classe des petits artisans menacés d'expropriation par le capitalisme, a imaginé d'instituer le crédit gratuit, il a oublié que le crédit gratuit était en contradiction violente avec le régime capitaliste lui-même et qu'il n'y avait qu'un moyen de procurer aux travailleurs, à tous les travailleurs le crédit gratuit, c'était de leur remettre, par l'intermédiaire de la nation et sous la forme de la propriété sociale, la propriété gratuite des moyens de protection. (*Applaudissements à l'extrême gauche.*)

Et pendant qu'ainsi tombaient les uns après les autres les systèmes transactionnels ruinés précisément par leur esprit de transaction, la classe ouvrière elle-même était obligée de renoncer au rêve de conciliation fraternelle qu'elle avait fait avec le capital.

Vous savez bien, messieurs, que c'est ce grand rêve généreux et funeste qui a empli la République et la révolution de 1848;

vous savez bien que c'est dans ces recherches incertaines, tâtonnantes, de conciliation imposible, qu'elle a usé ses premiers mois, les mois définitifs. Et qu'est-il advenu ? Ce sont les journées de Juin qui ont répondu à ce rêve de fraternité et de conciliation; c'est en Allemagne la contre-révolution écrasant la démocratie allemande, mal servie par la puissance vaguement doctrinaire du Parlement de Francfort ; c'est, dans les faubourgs de Vienne, les ouvriers écrasés par la réaction autrichienne et par la réaction slave! Et pendant que l'expérience, pendant que l'âpre développement économique écrasait dans les cerveaux les systèmes transactionnels, l'âpre brutalité capitaliste écrasait dans la rue les rêves vagues et incertains de conciliation chimérique que les classes ouvrières avaient formés.

Et alors, peu à peu, la pensée socialiste grandissait en audace ; la classe ouvrière grandissait en audace et en affirmation, et le socialisme disait qu'une seule ressource de libération restait aux peuples opprimés : c'était la transformation de la propriété capitaliste en propriété sociale, pour que tous les producteurs devinssent copropriétaires des instruments de travail ; et la classe ouvrière affirmait qu'elle ne pouvait plus, après les déceptions et les expériences du passé, attendre sa libération de la bonne volonté des dirigeants ou du sentimentalisme vague des philanthropes, qu'elle ne pouvait l'attendre que d'elle-même, organisée en un parti conscient pour la conquête du pouvoir et de la propriété.

Et voilà pourquoi la conception socialiste d'aujourd'hui, celle qui est affirmée dans l'ancien et le nouveau monde, en ses grands traits, par tous les partis socialistes du globe, voilà pourquoi cette doctrine socialiste il ne dépend pas de nous de la modifier, parce qu'elle résume, je le répète, et qu'elle porte en elle toute la substance intellectuelle d'un siècle de pensée et de lutte, de tout un siècle de combat ouvrier. Et pas plus qu'il ne nous appartient, à nous, de la modifier, de la remanier au gré de timidités passagères et de préjugés qui disparaîtront, pas plus qu'il ne nous est permis de la modifier ou de la tenter partiellement, vous ne l'arrêterez et vous n'en diminuerez la force en lui adressant de subtiles questions de détail sur les modes particuliers et infinitésimaux par lesquels elle se réalisera. *(Applaudissements à l'extrême gauche. — Mouvements divers.)*

Ah ! messieurs, vous pouvez sourire...

M. Antoine Perrier (Savoie). C'est le point capital !
C'est là surtout où l'on vous attend.

Le citoyen Jaurès. — Oui, monsieur Antoine Perrier,
c'est le point capital. Si l'on avait dit à vos ancêtres — j'entends
les ancêtres de cette puissance semi-bourgeoise, semi-populaire
qui est installée aujourd'hui au pouvoir politique et social — si,
à la veille du jour où par tous ses philosophes, par les critiques
de tous ses penseurs, par le déchaînement de tous ses pamphlets,
elle critiquait le vieux régime féodal, on lui avait demandé de
prédire et de dessiner le développement de l'être nouveau qui
dormait dans l'œuf révolutionnaire et de prévoir après la Constituante la Législative, après la Législative, la Convention, et,
de répercussion en répercussion, les formes politiques et sociales
qui nous gouvernent aujourd'hui ; si on avait dit à tous ces
paysans attachés à la glèbe féodale, à tous ces bourgeois humi-
liés par l'orgueil des nobles qu'ils devaient attendre pour secouer
le joug et pour lever la tête qu'un architecte minutieux eût décrit
le mobilier de la société nouvelle, vous seriez encore dans l'ancienne ! (*Vifs applaudissements à l'extrême gauche.*)

Mais, messieurs, je n'entends pas me dérober par là à vos
questions les plus générales. J'ai le droit de dire simplement que
devant cette force du travail qui monte et qui revendique son
droit, il est assez puéril de demander, je le répète, les modes
secondaires et subalternes d'application par lesquels elle se réalisera. Il vous plaît de demander leur formule chimique à chacun
des atômes de cette mer qui monte, qui demain couvrira tous
vos rivages ; ce ne sont pas ces vaines curiosités qui l'arrêteront !

Socialisme humain

Mais, dans tous les cas, j'ai lu encore que si nous apportions
une formule, ce ne pourrait être qu'une formule germanique.
C'est le lieu commun de nos ennemis ; ils oublient que le socialisme allemand lui-même, par toutes ses origines, par toutes ses
racines, tient à la terre même de France, qu'il le proclame, l'affirme et s'en glorifie.

Non, ce n'est ni le socialisme germanique, ni celui d'un
autre pays, c'est le socialisme humain, et si, à ce socialisme
humain il fallait donner une nuance nationale, c'est la nuance de

la France, du premier peuple émancipé, que porterait à cette heure le socialisme universel. (*Très bien! très bien! à l'extrême gauche.*)

Et la preuve, c'est que pour préciser l'œuvre révolutionnaire nouvelle qu'accomplira, en ce qui concerne la propriété de la terre, le socialisme triomphant, il m'est facile de me reporter aux traditions, aux formules mêmes, aux principes et aux procédés de cette révolution française que, sans cesse, vous revendiquez contre nous.

Oui, je suppose un moment que, de même qu'il y a un siècle, une grande crise nationale amena à Versailles une représentation nouvelle de la nation, je suppose qu'ici, dans quelques années, et de quelque manière que se soient déroulés les événements, — que ce soit par l'évolution régulière du suffrage universel que plusieurs nations en Europe songent à violenter contre nous ou que ce soit, comme au 4 septembre, par une poussée subite des événements, — je suppose qu'ici il y ait une Assemblée nouvelle, et que tout à coup, au lieu de voir, d'un bout à l'autre de cette Assemblée, les représentants naturels, légitimes des intérêts, grands ou petits, d'aujourd'hui, les représentants de la grande propriété terrienne, de la banque de la haute industrie, de la riche agriculture, ou bien ces représentants de la bourgeoisie moyenne, avocats, médecins qui, sans intérêt social bien constitué, sans plan social bien défini, suivent à peu près les événements et les forces dominantes, il y ait sur ces bancs, envoyés par la classe ouvrière, des travailleurs sortis de l'usine et décidés à transformer la propriété privée en propriété sociale ; je suppose qu'il y vienne aussi des paysans dressés sur la glèbe, affranchis de leurs vieux préjugés, comprenant que, pour eux, il n'y a de propriété possible que par une transformation de la propriété générale et, à côté d'eux, cette partie de la bourgeoisie qui a rompu les ponts derrière elle, qui a brisé, par des déclarations absolues et par une conduite conforme à ces déclarations, tous les liens qui la rattachaient à la classe dominante, et aussi ces hommes de savoir, ces hommes de recherches, que vous inquiétez aujourd'hui, dans toutes nos grandes écoles, jusque dans l'intimité de leur pensée libre et dans leur conscience de savants, ces hommes qui se disent aujourd'hui qu'ils peuvent être disgrâciés demain par M. Rambaud s'ils adhèrent à une doctrine socialiste qui leur paraîtra la vérité, je suppose que tous ces hommes, paysans, ouvriers, savants, ingénieurs, agronomes, toute la science socialiste, tout le travail socialiste, siègent ici; quel sera leur premier décret? quel sera leur premier acte?

Et la Révolution Française?

Oh! oui, je le répète, ils créeront une société nouvelle, sans analogue à coup sûr dans l'histoire humaine; mais ils n'auront besoin, pour formuler leur décret, que de chercher dans les formules même de la Révolution française et, après avoir déclaré que les grandes usines, que les filatures, que les verreries, que les tissages, que les hauts fourneaux, que ces énormes casernes du travail industriel moderne doivent devenir la propriété de la nation, pour devenir la propriété des travailleurs associés en elle; après avoir déclaré cela pour le travail industriel, passant à la question agricole et paysanne, ils se souviendront qu'il y a un siècle la bourgeoisie, pour payer ses budgets, pour payer ses armées, pour enrichir la nouvelle couche de parvenus qui surgissait sur la société en décomposition, ils se souviendront que cette bourgeoisie révolutionnaire a proclamé biens nationaux, a attribué à la nation, a nationalisé, comme nous disons aujourd'hui, quoi? quelques lopins de terre? quelques misérables morceaux de richesse? Non! Non elle a nationalisé 14 à 15 milliards de propriétés foncières appartenant aux nobles, appartenant aux prêtres, appartenant aux communautés religieuses, appartenant aux corporations d'ancien régime.

Et ces 14 à 15 milliards, qu'est-ce qu'ils représentaient? Est-ce que c'était, je le répète, une petite opération, une opération limitée? Mais à cette époque, cela représentait, dans certaines régions, près de la moitié de la valeur foncière, et sur les témoignages authentiques des écrivains de cette époque vous pourrez voir qu'il y a eu un moment, de 1792 à 1794, où la moitié du domaine foncier appartenait à l'Etat révolutionnaire.

Ah! vous nous dites que les paysans s'effrayent du mot d'expropriation. Mais vous l'avez largement pratiquée il y a un siècle. Seulement, malgré la légende, vous ne l'avez pas pratiquée pour eux; vous l'avez pratiquée pour vous, oui, pour vous, classe bourgeoise nouvelle et avide. Je ne dis pas — c'est la tradition de nos manuels scolaires et je ne voudrais pas la déchirer — je ne dis pas qu'une partie, que quelques miettes de cet admirable domaine foncier ne soient allées aux petits propriétaires paysans. Ah ! je sais bien que, de loin en loin, la Convention rendait quelques décrets pour décider que les ventes se feraient à terme et qu'elles auraient lieu par petits lots, pour que cet immense domaine exproprié pût aller au moins par parcelles aux paysans de France ; mais ces décrets n'étaient pas exécutés et la force des choses reprenait son empire, servant en même temps tous les appétits qui fermentaient dans cette société nouvelle.

Comment ferez-vous croire que ces paysans, qui n'ont secoué avec vous l'ancien régime que parce qu'ils étaient ruinés, pressurés jusqu'à la moelle, et qu'il ne leur restait rien, comment ferez-vous croire qu'ils ne sont entrés dans la Révolution que parce que l'ancien régime leur prenait tout, comment ferez-vous croire qu'il leur restât assez d'épargne, assez d'avances, de capital, pour acheter au comptant les terres que vous rendiez ? Car vous les vendiez au comptant, en bloc, et il y avait des enchères énormes, qui livraient les biens nationaux par départements entiers aux intermédiaires, parce que, je le veux bien, — c'est votre excuse glorieuse, — vous étiez dans la bataille, qu'il fallait nourrir vos armées, que les fournisseurs n'attendaient pas et que, pour payer les fournisseurs, vous ne pouviez pas attendre les échéances lointaines et échelonnées des petits paysans sans capital. Il vous fallait de l'argent tout de suite, l'argent de ceux qui en avaient, l'argent des gros fermiers enrichis, des hommes de finance, des fermiers généraux, l'argent des agioteurs, l'argent des spéculateurs, l'argent de la bourgeoisie rentière et financière qui commençait à percer. Et c'est à ceux-là que vous avez livré, sous le nom de biens nationaux, le plus clair de ce domaine de l'ancien régime que vous avez exproprié, en apparence pour les paysans, pour vous en réalité. (*Applaudissements à l'extrême gauche.*)

Véritable transformation agraire

Ils reprennent aujourd'hui ce que vous leur aviez promis, ce que vous ne leur avez pas donné. Le socialisme, lui, ne procédera pas à ces partages illusoires, car c'est vous qui avez été les partageux il y a un siècle.

Il ne procédera pas à ces partages, il ne donnera pas la terre à qui pourra l'acheter, car les classes dépouillées ne sont pas en mesure d'acheter les bénéfices du régime nouveau. (*Applaudissements sur les mêmes bancs.*)

Non ! mais il dira à tous ces paysans épars sur le sol et qui le travaillent sans le posséder, à ces petits fermiers, métayers, ouvriers agricoles : « Désormais, c'est la nation qui est votre maître. Et comme la nation socialiste c'est vous-mêmes, travailleurs, comme elle ne peut avoir d'autre intérêt que le vôtre, d'autre vie que la vôtre, d'autre droit que le vôtre, c'est vous qui, par moi, serez vraiment les possesseurs de la terre travaillée par vous. Et, au lieu d'exiger de vous, comme le propriétaire d'hier, les redevances de la propriété oisive, je vous laisse les fruits du travail et la possession véritable du domaine, à condition qu'à votre tour vous ne vous transformiez pas en exploiteurs du travail. » (*Vifs applaudissements à l'extrême gauche.*)

Voilà la révolution rurale, voilà la transformation agraire que le socialisme accomplira. Ah ! messieurs, je m'imagine que vous ne nous accuserez plus, comme vous l'avez fait si souvent, d'avoir une doctrine à double face, l'une tournée vers les villes, l'autre tournée vers les champs. Nous avons une pensée une, une pensée complète qui aboutit à l'instauration de la propriété véritable sous une forme nouvelle pour les travailleurs du sol comme pour les ouvriers de l'industrie. (*Applaudissements à l'extrême gauche.*)

Et lorsqu'en même temps que nous libérerons, que nous doterons ainsi les travailleurs du sol, ces travailleurs qui, jusqu'ici, n'ont pas la moindre parcelle de la propriété, lorsque nous dirons aux petits propriétaires paysans : « Vous qui vous serviez de la terre comme d'un instrument de travail, gardez-la, puisque nous la donnons aux autres, mais vous êtes libérés de l'impôt, vous êtes libérés de l'hypothèque, vous êtes libérés de la spéculation et de l'usure, vous êtes libérés de la dette », alors, oui ! il se formera un seul bloc de toutes ces démocraties : petits propriétaires, ouvriers agricoles, petits fermiers, petits métayers, et, sur ce bloc, toutes vos forces de réaction ne pourront mordre. (*Applaudissements à l'extrême gauche. — Mouvements divers.*)

Pas de subtilités!

Vous me pressez et vous me dites — c'est à coup sûr votre pensée — : « Mais sous quel mode, sous quelle forme fonctionnera ensuite cette propriété sociale devenue à la fois la propriété de l'ouvrier et la propriété du paysan ? »

Messieurs, je reprends d'abord, en la précisant, — et dussiez-vous n'en être pas plus satisfaits que tout à l'heure, — je reprends ma réponse d'il y a un instant.

Il y a eu dans la révolution bourgeoise un moment qui est resté célèbre et glorieux, c'est la nuit du 4 août ; dans cette nuit du 4 août, la Constituante a aboli, sans redevance, les privilèges féodaux qui pesaient sur les personnes, et, avec indemnité, les droits féodaux qui résultaient de simples transactions et de simples contrats entre personnes réputées égales.

C'était 'à la formule, c'était là le principe général, et cette affirmation, si générale dans ses termes qu'elle fût, a suffi pour déterminer la chute du monde féodal et le surgissement d'un monde nouveau. Et pourtant, sortons des apparences, et cherchez, je vous prie, dans les discussions et les rapports qui suivirent cette nuit du 4 août, comment put être organisée cette déclaration générale de la Constituante.

Il y a des rapports célèbres ; il y a le rapport de Merlin, il y a le rapport de Tronchet, il y a les travaux de tous les grands jurisconsultes qui préparèrent ou rédigèrent le code civil. La Constituante les chargea de préciser en projet de loi, en formules juridiques, la déclaration de principes de la nuit du 4 août, et ils furent sur le point d'échouer ; ils furent sur le point de revenir devant l'Assemblée avouer leur impuissance juridique, leur impuissance législative, parce qu'il leur était impossible de discerner dans la réalité complexe et enchevêtrée des faits, les droits vraiment féodaux que la Constituante avait prétendu abolir sans indemnité, tous ces droits dont Tronchet disait qu'ils représentaient des droits utiles qui auraient pu être constitués déjà en dehors du système féodal et sur une autre base ; et cette difficulté était si grande, ce malentendu était tel que les mainmortables, de France, ces pauvres sujets mainmortables, en même temps qu'ils étaient libérés de la mainmorte, qui était, elle, un droit vraiment féodal, se crurent libérés des droits de lods et ventes, de toutes les censives, de tous les droits que l'Assemblée constituante avait considérés comme des droits bourgeois, c'est-à-dire comme des droits rachetables qui ne se trouvaient que par accident juxtaposés au régime féodal.

Et si l'Assemblée constituante, au lieu de briser tous ces droits comme elle l'a fait dans la nuit du 4 août, au risque de briser quelques liens qu'il faudrait renouveler le lendemain, si l'Assemblée constituante avait attendu, si elle avait consulté ses juristes, si elle s'était demandé comment elle ferait le criblage, par ce vent de tempête, parmi les droits féodaux, des droits nouveaux, je le répète, vous ne seriez pas nés. Mais elle a passé outre, la force populaire a passé outre, le torrent de la Révolution a passé outre et les subtilités qui ne l'ont pas arrêtée ne nous arrêteront pas non plus. (*Applaudissements à l'extrême gauche.*)

J'ajoute cependant que, dès maintenant, nous pouvons — parce que nous sommes des observateurs de la réalité, et parce que le socialisme prétend être la conséquence d'une évolution réelle, et non pas la construction arbitraire d'un esprit systématique — j'ajoute que, dès maintenant, nous pouvons démêler dans la société d'aujourd'hui les éléments qui influeront sur le fonctionnement et l'organisation de la propriété sociale de demain.

Ah ! messieurs, elle sera singulièrement complexe, car une société est d'autant plus complexe qu'elle est plus riche. Considérez la société féodale elle-même ; son principe en apparence est simple, mais ses modalités sont infinies. Dans la seule branche des fiefs, les modalités diverses selon lesquelles était conféré le fief ou selon lesquelles il pouvait être retiré, par retrait féodal, par retrait lignager, par commise, par toutes ces variétés de changements de propriété où s'épuisent les subtilités des feudistes, le droit féodal, sous l'unité apparente de son principe, était d'une complexité qui défie la plus riche curiosité de l'esprit humain.

La Propriété d'aujourd'hui

Votre société d'aujourd'hui est simple dans son principe ; c'est la propriété privée, soumise à la seule loi de l'échange, de la concurrence, de la division du travail sur le marché universel. C'est là la définition de la propriété du régime capitaliste. Mais sous cette définition simple, se cache l'infinie et inépuisable diversité de la vie. En effet, la propriété elle-même, aujourd'hui, a les formes secondaires les plus diverses et les plus extrordinairement variées. On dit propriété individuelle; c'est vrai en un sens, puisque l'individu peut acquérir, vendre, échanger sans autre loi que les lois économiqqes générales. Propriété individuelle, oui! Mais, sur cette propriété individuelle, il y a d'abord ce que j'appellerai une hypothèque familiale, puisque le père ne peut disposer, en dehors de sa descendance, que d'une partie de ce domaine prétendu individuelle, il y a déjà, intimement mêlée, un part de la propriété familiale; il y a aussi par l'impôt, par le droit d'expropriation, une part de propriété gouvernementale et, enfin, cette propriété si complexe que vous appelez propriété individuelle, mais qui est en même temps propriété familiale et propriété gouvernementale, elle est surtout propriété capitaliste en ce sens que sa valeur dépend, non pas seulement de l'effort individuel de celui qui la possède, non pas seulement de l'effort continu des générations qui se la transmettent, non pas seulement de par l'impôt prélevé ou abandonné, du Gouvernement qui la domine, mais des innombrables fluctuations du marché qui haussent et baissent le prix de toutes les valeurs, du domaine foncier comme des autres.

En sorte qu'au-dessus de cette propriété si complexe et d'un tissu si varié : individuelle, familiale, gouvernementale, c'est la loi capitaliste qui apparaît souveraine et qu'aujourd'hui, messieurs, si vous voulez donner quelque image de ce qu'est la propriété, vous devriez procéder, non pas par l'étalage d'une couleur simple, mais comme font les graveurs coloristes, en étalant sur leurs planches des séries de couleurs superposées, même celles qui, en dernière analyse, n'apparaîtront pas aux regards, mais qui contribuent, par leur influence secrète, à modifier la coloration générale infiniment riche, infiniment complexe de cette lithographie où le regard inexpérimenté n'aperçoit que la simplicité banale de quelques couleurs élémentaires. (*Très bien! très bien à l'extrême gauche.*)

Eh bien! s'il est impossible aujourd'hui à la science s'appliquant, dans le monde féodal, à la réalité du passé, dans le monde capitaliste, à la réalité d'aujourd'hui, s'il est impossible à la science d'apporter la formule de toutes les modalités secondaires, infinies, par lesquelles se manifeste et se diversifie le principe dominant, à plus forte raison, à nous qui prévoyons la société de demain, qui en définissons le principe et les lignes générales, nous est-il impossible — et cet aveu ne nous coûte rien — de définir les modalités futures ; car vous ne pouvez même pas définir, vous, les modalités présentes. (*Applaudissements sur les mêmes bancs.*)

La Propriété de demain

Mais en tout cas nous savons que dans la propriété de demain, dans la société de demain concourront, fonctionneront les quatre forces essentielles qui commencent à se dégager et à apparaître aujourd'hui.

La première, c'est l'individu, c'est le droit de l'individu à se développer dans sa liberté, sans autre limite que l'interdiction d'exploiter jamais, sous une forme ou sous une autre, la moindre parcelle du travail d'autrui. (*Applaudissements à l'extrême gauche.*)

Oh ! il se produit des courants de pensée bien singuliers à cette heure. Tandis que d'habitude — et je fais appel sur ce point à l'honorable M. Ribot, qui suit de près toutes les manifestations intellectuelles de notre temps, — tandis que d'habitude on reproche au socialisme d'être la négation, l'absorption brutale de l'individu, voici que, depuis quelque temps, des hommes de toutes les docrines philosophiques, des publicistes, des philosophes qui ont écrit dans le journal le *Temps* et qui ont publié sur l'*Idée de l'Etat* de très beaux volumes, des professeurs de premier ordre discutant l'autre jour en Sorbonne une thèse sur le socialisme, d'autres encore, chargés précisément à la Sorbonne des leçons d'économie sociale, voici que ces hommes examinent notre thèse, et que nous reprochent-ils ? Est-ce de supprimer l'individu ? C'est, au contraire, de l'exagérer ; c'est, au contraire, de trop briser les anciens cadres qui limitaient l'expansion individuelle ; c'est de trop briser les anciens liens de Gouvernement, de patrie chauvine, de hiérarchie patronale et industrielle, toutes les vieilles forces régulatrices qui contenaient l'individu, qui l'empêchaient de se considérer comme sa fin, comme son propre but.

Nous attendrons, messieurs, que vous ayez mis d'accord l'opposition de vos critiques opposées, pour nous en émouvoir ;

mais nous constatons qu'un mouvement qui sort de l'intensité des revendications, des désirs, des droits de tous ces individus qui veulent vivre, qui veulent connaître, à leur tour, les justes joies de la vie, ne pourra être l'oppression des individus.

Il y a un autre élément, même dans le monde agricole : ce sont ces syndicats naissants, réactionnaires aujourd'hui, socialistes demain, mais en tout cas, suivant la formule très heureuse que j'ai retenue, cellules premières, à certains égards, d'une organisation plus collective du travail.

Puis au-dessus de ces syndicats agricoles ou ouvriers, de ces groupements professionnels de métiers, il y a la commune qui, à certains égards, malgré la division du travail qui se produit dès maintenant, entre les diverses parties du territoire, est la première unité plus complète, plus riche que les organisations professionnelles qui ne comprennent qu'un élément exclusif et limité.

Et, enfin, au-dessus de l'individu, au-dessus du syndicat, au-dessus de la commune, il y a la nation, organisme central d'unité et de perpétuité, la nation maintenant sur les moyens de production son droit souverain de propriété pour empêcher qu'un seul individu ne puisse absorber la part de propriété qui doit appartenir à tous ceux qui travaillent.

Et c'est des combinaisons multiples, c'est des contrats infiniment riches et complexes entre tous ces éléments, entre toutes ces forces, l'individu, le syndicat, la commune, la nation, c'est de ces contrats infiniment riches, basés sur la propriété nationale, sur la propriété commune substituée à la propriété capitaliste, c'est de ces contrats que se dégagera la vie des individus, des groupes et des sociétés de demain.

Et, en tout cas, je le répète, s'il vous plaît de pousser vos questions encore, le peuple vous répondra : on ne comprend bien que ce que l'on aime ; et quand vous multiplierez les signes de doute ou d'hésitation, il se dira que vous vous sentez beaucoup plus menacés dans vos intérêts que troublés dans vos consciences ! (*Applaudissements à l'extrème gauche.*)

Messieurs, voilà pourquoi l'œuvre socialiste se poursuit, se poursuivra et aboutira.

Au terme de ces trop longues explications, je n'ai que peu de mots à répondre à quelques difficultés qui nous sont opposées encore.

On m'a dit que j'exagérais la détresse, la souffrance des paysans. Ah ! messieurs, nous n'allons pas instituer un débat sur la dose de souffrance ou de misère que contiennent en ce moment-ci les consciences ou les existences paysannes. Entendons-nous bien. C'est une question de mesure ; je le dis dans un autre sens que l'autre jour. Je veux dire que c'est une question de point de vue. Si vous prétendez qu'en fait, dans la vie à demi bestiale, à demi humaine, qui lui est faite trop souvent, le paysan ne pâtit pas au point que ses forces vitales mêmes soient épuisées ou entamées, je vous dirai que, peut-être, sauf des exceptions encore trop larges, c'est vrai.

Mais, messieurs, — c'est là qu'est entre nous la différence, — nous ne mesurons pas une civilisation, pour toute une classe d'hommes, au niveau des plus bas besoins humains ; nous la mesurons, justement pour les classes d'hommes les plus humiliées, au niveau des sommets mêmes de cette civilisation.

Oui, nous savons qu'il y a aujourd'hui, dans l'ordre matériel, des possibilités de large bien-être ; nous savons qu'il y a dans l'ordre intellectuel, dans le développement moral, des possibilités de grandes et de hautes joies, nous savons que les hommes de la terre, s'ils n'étaient pas aussi pesamment courbés sur elle, s'ils la dominaient d'assez haut pour pouvoir la comprendre et l'aimer, trouveraient dans ce contact avec la nature des joies admirables qui sont réservées aujourd'hui aux artistes qui passent ; nous savons qu'il y a des trésors de joie dans la civilisation d'aujourd'hui qui pourraient être communiqués aux paysans de France, si, au lieu de s'épuiser pour les autres en un travail ingrat, ils travaillaient pour eux-mêmes d'un effort fructueux et pouvaient, leur travail fini, se réserver quelques heures de noble loisir pour jeter un regard vraiment humain sur cette terre fécondée mais non encore possédée par eux.

Voilà pour nous la formule du bonheur et voilà pourquoi nous disons que vous ne faites pas pour la classe paysanne ce qui est possible et, par conséquent, ce qui est nécessaire aujourd'hui.

Vous nous dites encore qu'en éveillant sur tous les points du pays sur la propriété agricole, comme sur la propriété industrielle, les inquiétudes des possédants et des privilégiés, nous préparons peut-être quelques-uns de ces mouvements de panique qui précipitent périodiquement notre pays dans un césarisme qui toujours le guette. Si cela était vrai, il faudrait singulièrement déplorer la condition des hommes d'aujourd'hui, puisque nous ne pourrions revendiquer la justice sans compromettre la liberté. (*Très bien ! très bien à l'extreme gauche.*)

Mais heureusement il n'en est plus ainsi, et l'expérience des hommes de 1848 nous a servi. Nous savons bien qu'ils ont été les dupes, par excès de confiance et de fausse rectitude, dirai-je, de toutes les réactions cachées qui guettaient leurs fautes, lorsque candidement, pour ne pas frapper le revenu, pour ne pas prendre le grand capital qu'ils auraient pu ravir, lorsque candidement ils ont accablé de centimes d'impôt foncier le paysan déjà surchargé. Ah ! ce n'est pas nous, socialistes, qui commettrons cette faute ; c'est vous, les gouvernants d'aujourd'hui, qui portez sur vos épaules le fardeau sous lequel succombèrent les hommes de 1848.

La vérité, c'est que par notre propagande, au contraire, en montrant aux paysans que le salut est possible dans la République sociale, nous les détournons de le chercher dans les humiliations césariennes qu'apporterait inévitablement votre politique d'impuissance et d'égoïsme. (*Applaudissements à l'extreme gauche.*)

Non ! ce n'est pas nous qui créons le péril. Et si, après cette longue discussion, vous nous dites encore que nous abusons des paroles et que nous n'apportons pas des réalités, je vous rappellerai le beau mot de Démosthènes sur ces espérances vaines qui tombent du haut de la tribune. Eh bien ! oui ! nous parlons, parce qu'aujourd'hui, pour nous, le seul moyen d'action, le seul moyen qui prépare les réalités de demain, c'est la propagande et la parole. Mais nous savons bien, et les ouvriers savent bien, et les paysans savent bien qu'il n'y a qu'un instrument efficace, c'est le pouvoir. Ce pouvoir, vous ne nous le donnerez pas ; ce n'est pas à vous à nous le donner, c'est au peuple à le conquérir. (*Vifs applaudissements à l'extreme gauche.*)

CORBEIL. — IMPRIMERIE ÉD. CRÉTÉ.

TRAVAILLEURS !

Si vous voulez vous tenir au courant du Mouvement syndical, à Paris, en province et à l'étranger, lisez dans la PETITE RÉPUBLIQUE

LE MOUVEMENT SOCIAL

par G. LAPORTE et Pierre FOREST

Lire tous les Lundis matin la

BATAILLE ARTISTIQUE ET LITTÉRAIRE

par Camille de SAINTE-CROIX.

LA PETITE RÉPUBLIQUE

5°   *Journal Socialiste*   **5°**

TARIF DES ABONNEMENTS

	PARIS		FRANCE & ALGÉRIE		ÉTRANGER	
Un an	18	»	Un an	24	»	Un an	32	»
Six mois	9	»	Six mois	12	»	Six mois	18	»
Trois mois	5	»	Trois mois	6	»	Trois mois	9	»

RÉDACTEUR EN CHEF ÉLU PAR LA RÉDACTION
GÉRAULT-RICHARD

Tous les Jours, Articles de :

BAUDIN, CALVINHAC, JEAN JAURÈS, A. MILLERAND, GUSTAVE ROUANET,
MARCEL SEMBAT, RENÉ VIVIANI, EDOUARD VAILLANT, députés.

Émile Dubois, Président du Conseil général de la Seine; Paul Brousse,
André Lefèvre, Adrien Veber, Conseillers municipaux
Georges Renard, Directeur de la *Revue Socialiste*; H. Brissac,
J.-B. Clément, Docteur Delon, Albert Goullé, Henri Turot,
Maurice Viollette, Alfred Bonnet, Secrétaire du *Devenir Social*.

Collaborateurs étrangers. — Allemagne : Bebel, Liebknecht. —
Angleterre : Hyndmann, Tom Mann. — Autriche-Hongrie : Docteur
Adler. — Espagne : Pablo Iglesias. — États-Unis : Sanial. —
Italie : Amilcare Cipriani, De Felice, député, etc., etc.

Secrétaire de la Rédaction : Jules Lejeune

Politique étrangère : Louis Duberquilh. — *Courrier parlementaire :*
Civis, Alcide Terrac. — *Bataille Artistique et Littéraire :* Camille
de Sainte-Croix. — *Critique d'Art :* H. Pellier. — *Informations
politiques :* E. Dejay. — *Mouvement social :* G. Laporte, P. Forest. —
Tribunaux : R. Gatineau. — *Grande information :* Hippolyte
Lenoou, Borgue, Pierre des Rues. — *Critique Dramatique :* Henri
Touroude. — *Affaires Municipales :* Maurice Charnay. — *Affaires
Coloniales :* Maxence Roldes. — *Notes sur l'évolution économique :*
Latinus. — *Bulletin de l'Enseignement :* Charles Proles. — *Revue
des Sciences :* Docteur Bertrand, J.-L. Breton, Docteur L. Larrive,
Henri Gatiment. — *Coopération :* Hamelin, X. Guillemin, Brulire.

Service Spécial et quotidien de Dépêches
sur le Mouvement socialiste, politique et économique
dans le Monde entier

TROIS ROMANS FEUILLETONS

Directeur-Administrateur : Maurice DEJEAN

www.ingramcontent.com/pod-product-compliance
Lightning Source LLC
Chambersburg PA
CBHW052033270326
41931CB00012B/2471